感覺整合與兒童發展：理論及實用的活動與遊戲

（第二版）

羅鈞令　著

◀作者簡介▶

羅鈞令

【現職】

國立臺灣大學醫學院職能治療學系兼任副教授

仁德醫護管理專科學校顧問

臺北市學校系統職能治療師

臺灣職能治療學會理事

【學歷】

美國南加州大學職能科學與職能治療系哲學博士

美國德州女子大學職能治療系碩士

國立臺灣大學復健醫學系職能治療組學士

【經歷】

國立臺灣大學醫學院職能治療學系系主任

國立臺灣大學醫學院職能治療學系講師、副教授

國立臺灣大學醫學院附設醫院復健部職能治療師、職能治療組組長

臺北市立仁愛醫院職能治療師

美國德州學校系統職能治療師

世界職能治療師聯盟職能科學國際諮詢團亞洲區代表

「兒童發展聯合評估中心服務品質專案管理計畫」政策諮詢專家

教育部特殊教育諮詢委員會委員

衛生署早期療育諮詢委員會委員

臺北市早期療育推動委員會委員

臺北市及新北市早期療育機構訪查委員

臺灣職能治療學會理事長

◀二版序▶

　　筆者於 1980 年在美國念碩士班時，學習到感覺整合理論與全套的南加州感覺整合測驗。當時並擔任系上的臨床助理，每週有兩天前往德州的 Wise County 擔任學校系統職能治療師，提供有需要的孩童以感覺整合為主的職能治療服務。有感於親身體驗到感覺整合治療對孩童的幫助，在回到臺灣大學職能治療學系任教之後，就將感覺整合理論及測驗編入課程中，讓學生們都能學會它，以服務需要的個案。此或許為感覺整合治療成為國內兒童職能治療主流的濫觴。

　　1998 年，在各方督促與邀請之下，筆者不揣簡陋的寫了《感覺整合與兒童發展：理論與應用》第一版，獲得極大的迴響，顯示有這方面的需求。然而，此書自初版迄今已二十一年，為何遲至今日才再出第二版呢？其實好幾年前心理出版社的林敬堯副總就曾詢問過筆者再版的意願，當時回絕了，主要是顧慮到感覺整合在過去這一、二十年的風行，甚至被過度渲染，不只在兒童職能治療領域有唯感覺整合獨尊，而忽略了眾多其他參考架構的重要性，也荒廢了職能治療最重要的「職能」本質與全人觀點的傾向；坊間一些幼兒教育或療育單位也打著感覺整合的名號大行其道，讓家長們趨之若鶩。然而，感覺整合治療畢竟只是針對感覺整合或感覺處理問題的介入，其效果並不能保證就會延伸到孩童的活動參與上面。尤其艾爾絲（Ayres）的感覺整合治療是需要具有專業背景並受過專門訓練的人，才有能力提供真正個別化的治療。此外，一味的聚焦於感覺整合或感覺處理問題，而偏廢孩童與家長每天要面對的生活上之挑戰，實在讓人為這些孩童與家庭感到不捨與憂心。看到那些需要早期療育的兒童，由家長們帶著忙碌奔波於一家一家的療育或訓練場所，實在是於心不忍，但又無從阻攔。因此很害怕若再出書，可能會產生推波助瀾的效果。

前年底林副總又再次詢問改版之事，並告知此書仍有市場需求，但距離初版已經過了二十一年，經過多次印刷，照片的清晰度也不那麼好了。由於林副總的鍥而不捨，促使筆者再次認真思考本書再版之事。

在近二十年間有許多探討感覺整合治療療效的研究論文發表，對感覺整合治療的療效褒貶不一，迄今尚未獲得一致的結果。艾爾絲感覺整合的所屬機構 Baker/Ayres Trust 也非常重視此事，不只將 Ayres Sensory Integration®（艾爾絲感覺整合）註冊，並發表了艾爾絲感覺整合治療的基本原則（見本書第七章），期望能夠確保艾爾絲感覺整合治療的品質。其首要原則是，必須由受過感覺整合治療訓練的專業治療師提供介入。根據 Parham 等人（2007）和 Roley 等人（2007）的研究發現，許多感覺整合治療的療效研究並不是由受過專門訓練的專業治療師進行治療，或是未遵守感覺整合治療的基本原則，這或許是導致研究結果沒有定論的原因之一。

另外，對於自閉症的研究自 1990 年代的鏡像神經元理論提出後，也有了重大的突破，之後自閉症的相關研究快速增長，加上腦神經科學的發展，使得現今對於自閉症的了解及診斷標準都有了很大的改變。根據 DSM-5，感覺處理問題是自閉症的核心症狀之一。感覺處理障礙對自閉症者的日常生活會造成多方面的影響，包括在自我照顧和學校參與方面都可能產生困難，因此許多職能治療便採用以感覺整合理論為基礎的介入方式。

本書的主要目的是幫助讀者從感覺整合的觀點來看兒童發展，包括了解各種學習能力的發展與感覺整合的關係，以及感覺整合功能異常的表現、評估及治療。本書也針對迄今關於感覺整合治療及療效的研究與評論，以及以感覺整合理論為基礎的自閉症介入之相關研究及療效（見本書第八章），做了完整的回顧與整理，希望可以幫助讀者對感覺整合

有更清楚的認識，進而能夠蒙受其利，而免於其害。此外，本書並提供許多適合孩童從事並有助於感覺整合功能發展的活動，供一般家長、老師及治療師參考。

　　筆者期望本書的再版能夠澄清大家對感覺整合及治療的迷思，針對適合的問題，在適當的時機，接受真正懂得感覺整合治療的專業人員使用正確的方法提供服務，以獲得感覺整合治療實質的功效，也還給感覺整合治療一個應有的公道。

羅鈞令

◀目次▶

第一部分

理論與應用

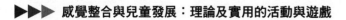

第一章

何謂感覺整合？

　　感覺整合是一個正常大腦所具備的功能。當我們的感官接收到刺激，經由神經系統傳到大腦後，大腦會將來自不同感官的刺激組織、整合起來，形成概念，幫助我們理解周圍的環境或人、事、物，並做出適當的反應，這個過程就稱為感覺整合。因此，大腦（和脊髓）被稱為中樞神經系統，它不只負責組織感覺刺激，同時也幫助我們針對環境的要求做出適當的反應。

　　孩童透過從事各種活動來認識自己的身體以及周圍的世界，同時也幫助大腦的發展，這個過程也就是學習的過程。而其所從事的活動常常是五花八門，有時可能沒有特定的目的或功能，看在大人的眼裡就只是在玩，殊不知「玩」可是幫助幼兒發展感覺整合功能的重要管道。有研究指出，會玩的孩童比較具有彈性、會變化遊戲、有好奇心、富想像力與創造力，也比較快樂；相對的，不會玩的孩童則對情境缺乏控制力、會有比較多負面情緒或多話，但對身體活動則較退縮，情緒發展較不成熟（Knox, 1996）。在本書的第二部分，將會詳細介紹孩童如何透過各式各樣的「玩」來發展與學習。

　　舉例來說，當小嬰兒聽到媽媽說「ㄋㄟㄋㄟ」，看到媽媽拿著奶瓶過來，同時他也聞到奶香，結合這幾種刺激，小嬰兒得到一個訊息：有

奶可喝了！他一方面會伸出雙手去迎取，一方面嘴巴也會出現吸吮的動作，並能及時接住奶瓶吸奶。也就是說，小嬰兒整合了聽覺、視覺、嗅覺、味覺、觸覺及本體覺，建立了他對於「ㄋㄟㄋㄟ」的概念，包括它的名稱、形體、氣味及味道等，並能做出一個適當的反應。又如：媽媽滾球給一歲大的寶寶。頭一回，寶寶弄不懂怎麼回事，看著球自身旁滾過去，幾次以後，寶寶聽到媽媽的口令即知道球將朝自己滾過來，而伸出雙手來抓取。開始時，很可能球已到了手邊，才伸手出去抓球，經過多次的練習，寶寶會不斷的修正他的反應，最後終於學會在球到達的一瞬間伸出雙手去抱住它。在這個例子裡，寶寶整合了視覺、聽覺、本體覺、觸覺，以及反應的效果等回饋刺激，漸漸學會了接球。由上面這兩個例子，我們可以知道感覺整合是正常孩童的發展過程。藉著環境的刺激，內在及外在的需求（如饑餓、媽媽的口令），引發個體不斷的去整合感覺刺激，做出反應，根據反應的結果及各種回饋的刺激，再修正下一次的反應。這些經驗的累積，促使大腦功能不斷的發展，孩童的反應及學習能力也就愈來愈好。

有些孩童可能較慢學會走路，或是雖然開始走路的時間與一般孩童相當，但是動作比較笨拙或是容易跌倒或撞到東西。當家長帶孩童去給醫生檢查時，常常找不出問題，因此醫生就告訴家長，大一點就會好了。也有一些孩童是上了幼兒園或小學之後才發現動作笨拙或學習跟不上，然而一般的醫學檢查通常看不出問題，這樣的情形就可能是感覺整合功能異常所造成的。也就是說，雖然孩童的神經、肌肉、骨骼系統本身都正常，但是他的大腦無法適當整合來自身體感官的訊息，以致無法精準的掌握情境或做出有效或協調的動作反應。因此，這樣的孩童可能對許多一般孩童喜歡的活動也興趣缺缺，那就更缺少發展與學習的機會了。

第二章

感覺整合發展的要素

感覺整合雖然是一個正常大腦所具備的功能，但是並非嬰兒一出生就有很好的感覺整合功能，它是逐漸發展累積而來的。一般認為，學齡前是大腦發展的重要階段，到入小學時，孩童就已發展出基本的學習能力，包括閱讀、書寫、計算，以及專心聽講等。因此，學齡前的階段是感覺整合發展的黃金期，如果知道感覺整合發展的關鍵要素，我們就能夠促進幼兒的感覺整合發展，並避免做出一些不利幼兒發展的安排或行為。

綜合而言，感覺整合發展受下列幾項因素的影響：(1)中樞神經系統的健全性；(2)適當的感覺刺激經驗；(3)內在驅動力；(4)有利發展的環境；(5)明確的結果與適當的回饋。說明如下。

一、中樞神經系統的健全性

一個大腦健全的孩童，自然能夠接收、過濾訊息，將重要的訊息放大，抑制不重要的刺激，並將所有相關的刺激組織、整合起來，再做出反應，例如：一個才幾個月大的嬰兒，當大人將他抱在懷裡時，若是抱得不好，他就會扭動身體想要調整。他的前庭系統接收到地心引力的刺

激，促使他嘗試做出挺起頭部及身體的反應，其身體的本體覺也會促使他嘗試要調整及維持一個較舒服的身體位置。

在遊戲及日常活動中，孩童的大腦隨時隨地都在進行著感覺整合的過程，整合所得到的感覺動作經驗，去發展其潛能與學習新技巧。所以感覺刺激是大腦的糧食，就像食物之於我們的身體一樣。我們固然看不到孩童大腦的運作，但是從觀察孩童的行為表現，就不難看出其變化的過程。

但如果有腦傷或輕微腦功能異常的孩童，其大腦的感覺整合功能可能不好，無法整合在自然環境中所得到的刺激及回饋經驗，或抑制一些干擾的刺激，做出適當且有效的反應，因此就可能影響其發展和學習。這時他們就需要尋求專業職能治療師及其他相關醫療人員的協助，以提供適合他們的環境與刺激，幫助其感覺整合發展。

二、適當的感覺刺激經驗

適當的飲食內容與方式，是人體健康的重要因素。同樣的，適當的感覺刺激經驗是大腦功能發展的重要因素。不同的感覺刺激，其功能及效果也不同，例如：觸覺有保護與區辨的功能，幫助孩童認識自己的身體與周圍的環境；孩童也透過觸覺和照顧者建立親密關係。本體覺與前庭覺則有助於孩童覺察自己肢體的位置與動作，以及自己在空間中與其他人或物件的相對位置與關係。感覺刺激的方式及強弱之不同，也可能產生截然不同的效果，例如：輕輕碰觸的觸覺刺激，如搔癢，會使人興奮、不安；而大面積接觸且穩定有一點壓力的觸覺刺激，如按摩，則能夠使人安定、放鬆，感覺很舒服。又如：前庭刺激，不疾不徐、規律的搖動搖籃能夠讓寶寶安靜下來，漸漸進入夢鄉；而要叫孩童起床時，則會是快速、不規律的搖動孩童，促使他清醒過來。而溜滑梯、盪鞦韆或

坐雲霄飛車所提供快速或不規律的前庭刺激，則會使人緊張、興奮起來，並且讓孩童學習駕馭身體在空間中的變化。此外，每個孩童能夠承受的感覺刺激強度與刺激量也不盡相同，例如：有的孩童不敢溜滑梯，有的孩童則要倒著溜才會覺得刺激、過癮。又如：有的孩童不喜歡打赤腳，很害怕洗頭、剪頭髮，會覺得非常不舒服；而有的孩童不只沒有這些問題，反而特別喜歡赤腳、玩沙或玩水。因此，感覺刺激要適合孩童的大腦或中樞神經系統的承受度，才能夠被有效的運用。一般正常孩童能夠主動尋求他所需要的刺激，並能夠有效的整合運用。但是如果是由大人給予的刺激，例如：大人將孩童拋接或飛高高，則需要密切留意孩童的表情或反應，以免刺激超過孩童所能負荷的程度。而對於有腦傷或輕微腦功能異常的孩童，一般遊戲活動的刺激可能超過其所能負荷的程度，因此需要由專業治療師設計特別的環境或活動，提供孩童適當的感覺動作經驗，以促進大腦功能的發展。

三、內在驅動力

　　孩童有一種發自內在、強而有力的衝動要去探索及嘗試各種活動，以發揮其潛在具有的能力。記得筆者的女兒一、二個月大時，偶然一次她的腳踢到放在床欄內側防撞的高密度海綿墊時，發出「砰」的一聲後，她就不斷的嘗試，之後就經常聽到她踢海綿墊的砰砰聲。而當她五個月大時的一天清晨，五點多就被她咿咿啊啊的聲音吵醒，靜靜觀察之後，發現她並不是在叫人，而是自己在練習發聲！

　　另一種說法是人類有要成就自我的內在驅力，孩童透過與環境的接觸及互動，而使其能力不斷地發展出來，這也就是自我實現的過程。一般發展的孩童，我們可以觀察到他們主動探索環境的行為。從使用自己的手、腳，觀察或吸唞自己的手、腳開始，到進一步對周圍環境的好

奇，嘗試去改變或研究它等。所以家長們常常會說：「我並沒有特別去教孩童每件事情，他自然就會了」，主要就是這種自我實現內在驅力的結果。

然而，有些智能比較弱或是有自閉特質的孩童，可能不像一般孩童那樣會主動探索，而比較容易安於現況。因此，如果大人注意到孩童特別乖，放在那兒可以一個人待著，不吵也不鬧時，就要多引導他／她玩或是探索環境，以啟發他／她的心智發展。家長或老師碰到好奇心比較弱、缺乏主動性的孩童，可以利用適當的刺激和製造環境的需求，以激發孩童的動機，主動的去從事活動，以促進其正常的發展。

四、有利發展的環境

前面提到，孩童有一種與生俱來的內在驅力要去探索周圍的環境，及／或是要自我實現；因此很多事情不需要刻意去教他，他自然就學會了。然而，前提是孩童有一個適合發展的環境，才可能如此。但什麼是適合發展的環境？

根據生態系統理論，幼兒透過與環境互動發展其能力（Bruner, 1972）。因此，一個容許孩童自由探索的安全、豐富或多樣化的環境，就可以提供孩童發展各種功能或技巧的機會。此外，惟有符合環境需求的能力，才可能發展並保留下來（Kellegrew, 1998）。換言之，不具功能的或是用不到的能力或技巧就算學了，也不易保留下來，例如：小嬰兒看到媽媽會發出高興的聲音或是叫媽媽，媽媽的回應就會鼓勵他這種行為；但媽媽如果因為某種原因而不予理會，漸漸的這個小嬰兒可能看到媽媽也不會叫了。又如：讓孩童學習外語，但若是在其生活中完全沒有使用的機會，可能就不易學得好，且容易忘掉。因此，環境的需求常常是促使孩童發展的誘因，例如：當孩童肚子餓了，如果大人沒有及時

拿食物給他，他就會自己設法去取得食物來吃；在過程中他可能需要越過障礙物，必須設法爬到高處去取得食物。或者媽媽說「要出門了」，他就會走到門邊，甚至自己嘗試穿鞋。也就是說，只需要給孩童一個清楚的目標，或者讓他看到反應的必要性（例如：要帶他出去玩，叫他趕快把鞋子穿好；或想要溜滑梯，就鼓勵他一階一階的爬上去；自己爬到高處後，就得想辦法下來等），當孩童意識到需求時，自然就會自動的去整合各種刺激或訊息，計畫行動並執行，以滿足需求或解決問題，而這個過程即幫助了大腦的發展。

有了安全、多樣化的環境，以及環境中自然的需求，孩童也不一定就發展得好。環境的第三個條件是容許孩童自由探索及犯錯。當環境及其中的物件是孩童可以理解且具有意義的，較能引起孩童行動的動機（Gibson, 1977）。然而，如果大人基於安全的考量，對孩童的行動多所限制，不只不利於學習，更可能打消了本能的探索或自我實現的動機，例如：桌上放著新買的玩具，孩童看到了就可能被吸引，而嘗試爬上桌子去拿來玩，然而大人可能擔心孩童這樣的舉動會有危險，因而嚴厲制止孩童攀爬桌子，就可能打擊了孩童的好奇心與探索動機。如果大人將玩具放在地墊上，就可以放心的讓孩童去主動探索；又或許可以在大人的注視下，鼓勵孩童自己設法爬上桌子去拿來玩。這樣就能夠滿足孩童發展的需要了。

有些家長基於錯誤的信念，每樣事情都喜歡教孩童怎麼做，或是當發現孩童不會時，立即介入指導，這樣也可能剝奪了孩童嘗試錯誤的機會，例如：孩童熟悉的積木玩具，可能不用大人教，自己就會拿來玩。但是如果大人看不出孩童在做什麼，就想要去教孩童；或是指著圖卡上的各色形狀積木反覆地問孩童：「這是什麼顏色（或形狀）？」無形中也會打擊了孩童的玩興。因此，有時家長會抱怨孩童不願意配合或是反應不穩定，其實不一定是孩童不知道，很可能是因為孩童感受不到活動

的意義或覺得不好玩，因此對此事缺乏動機。也有一些家長或老師無法忍受孩童做錯，或擔心孩童受挫，總是一個步驟、一個步驟的看著孩童做，一做不對就立即介入。在這種情形下，孩童也許可以一次就做對，但也相對的減少了他的學習機會，使得他沒有機會充分了解各種可能的狀況，發展出在不同狀況下都能夠主動反應的能力。

日常生活中的每一件事，包括吃飯、穿衣、如廁、清潔、玩耍或外出等，都是對孩童有意義且必要的活動，也是促使孩童發展與學習的最佳機會。然而，有些家長以為學習生活自理不重要，等孩童長大了他自然就會做，因此把孩童的學習重點放在各種技能或才藝方面。殊不知，過於專門的技能或才藝不像日常生活中的活動那樣，需要運用到身、心、靈全面的功能，並且通常還需要與環境中的人、事、物互動或相配合才能夠圓滿的達成，例如：吃飯，除了要學習使用湯匙或筷子進食外，還需要配合團體生活作息的時間或規律性，以及家人或學校老師與同儕的用餐習慣或儀式；相對的，學習語文或樂器則單純許多。

如果孩童從小沒有機會學習生活自理，就可能缺少了許多自然學習及發展的機會，同時也可能養成被動、依賴的習慣。對於缺乏主動性的孩童，最好的訓練方法就是運用日常活動的規律性與必要性，鼓勵他們主動參與，滿足需求。如果孩童習於等待他人代勞，我們可以運用情境因素，讓孩童感受到自然的壓力，例如：出門前和他一起更衣、穿鞋襪，必要時給予一點引導或協助，並即時肯定他的嘗試或努力，幫助他成功完成任務，並從中獲得成就感，就能夠進一步增強孩童的主動性與學習動機。

五、明確的結果與適當的回饋

孩童的大腦組織感覺刺激，理解狀況，並做出適當的反應，而這個

反應的結果又成為修正下一個行為反應的參考資訊（刺激）之一。因此，如果孩童可以清楚知道其行為的結果，將有助於其學習，例如：孩童練習投籃，不論是否投進，他都能夠清楚知道結果的話，就可以根據結果來調整下一次的動作，要再用力一點、偏左一點或偏右一點、再高一點或低一點。透過不斷重複的練習，他就會愈來愈能夠掌握到適切的方向與力道。反之，如果籃框是由大人拿著，並且會移動以便接住孩童所投的球，那麼孩童就無法清楚知道其動作的結果。又如：我們只告訴孩童去練習投球，但是並沒有給他一個籃框或目標，這樣的練習不論投了多少次，孩童可能依然無法精進其投籃的技巧。

　　除了行動／反應的結果以外，他人的反應也是一種回饋刺激，同樣會影響孩童的發展與學習，例如：當孩童投籃沒中時，旁邊的大人鼓勵地說：「只差一點！加油！」孩童可能就對自己愈來愈有信心，再接再厲；反之，如果大人失望的說：「哎呀！又是差一點！」孩童可能就愈來愈沒信心，不想再練習了。另一種情況是當孩童努力想投中籃框，但是連籃板都沒碰到，如果周圍的人覺得好笑，則孩童很可能乾脆就隨便亂丟，故意引人發笑。這種情形也會阻礙孩童的發展與學習。

　　感覺整合是正常大腦的功能，由各種感官傳來的消息，經過神經系統的過濾、組織與整合之後，在大腦形成一個完整的概念，幫助我們知覺到內在及外在環境的需求，我們再根據這些訊息，計畫並做出適當的反應。我們本身的反應，又是一個新的回饋刺激，提供大腦有關行為的訊息，幫助我們發展出更有效的行為反應。藉由這種持續不斷的感覺整合之過程，大腦的分工愈來愈精細、功能愈來愈好，個人的學習能力與適應能力也就愈來愈強。因此，雖然感覺整合是大腦本身所具備的功能，但是大腦功能的發展，還需要靠環境的刺激與需求來激發大腦的感覺整合過程。個體為了滿足內在的需要或外在環境的要求，自然而然的會去整合各種感官所接收到的訊息，並做出反應。若反應無效，就會一

再的嘗試，修正反應的方式，直到做出適當且有效的反應為止，例如：一個兩個月大的孩童，趴臥時內耳的前庭系統接收到地心引力的刺激，他會不斷的嘗試抬頭，當他經驗了抬頭，抗地心引力之後，有一個成就感會鼓勵他一再的嘗試；當他抬起頭時，可以看到周圍的事物，這會吸引他想要抬久一點，以便可以好好的觀察四周。又如：孩童偶爾一手揮到了懸吊在床上的鈴鐺，他希望能夠再聽到鈴聲，就會繼續努力嘗試，經過多次的嘗試錯誤之後，最後他終於可以很準確的一揮就中了。

第三章

感覺整合與兒童發展

　　家長最了解孩童的問題，但因不具有神經科學的知識，通常只能從行為或情緒的角度來解讀問題，但這其實是建立在孩童的神經功能或感覺整合功能是健全的假設之上。

　　從嬰兒期開始，我們在世界中活動，感覺並對世界做出反應，在此同時也在發展各種功能，包括：行動與操作能力、溝通與表達能力，以及自由的在空間中活動。我們需要了解各種空間的向度，包括：上下、左右、前後、裡外、伸手可及或不可及，以及自己在空間中的相對位置。在生命的頭七年，孩童主要是透過感覺來認識自己的身體，以及其周遭的環境。孩童的大腦可以說是一部處理感覺的機器，這段時期，他學習去分辨不同聲音所代表的意義，以及如何講話，並學習如何在地心引力的影響之下行動、穿衣、拿湯匙吃飯、玩玩具、拿筆寫字、看書等，當然還包括控制自己的情緒與衝動，並學習與他人相處。

　　一般說到兒童發展，就會想到動作、語言、認知及心理社會等面向功能的發展，然而兒童發展的最終目標，是要讓孩童能夠適應環境、獨立自主，快快樂樂的生活。根據職能理論，兒童的各種面向即使功能發展良好，也並不保證他的社會適應就一定很好；換言之，兒童的日常生活表現是他本身的功能、環境及任務三者互動的結果。此外，根據生態

系統理論，幼兒是透過與環境互動來發展其能力的，而且唯有符合環境需求的能力才會發展並且保留下來。因此，從感覺整合觀點來看兒童發展，**有意義且明確的目標**和**適當的反應**是兩個非常關鍵的要素。

一、有意義且明確的目標

　　每個孩童都有一股內在驅力促使他發展感覺整合。剛學會爬行的寶寶在屋內到處探險，除了體會自己的肢體功能外，同時也探索周圍的環境，什麼都覺得新奇，又有成就感。

　　大人想讓寶寶爬快一點，就用裝了ㄋㄟㄋㄟ的奶瓶在前方引誘他。當寶寶肚子餓時，一看到奶瓶就努力朝著它爬去，即使歪歪倒倒，仍然努力不懈，最後終於拿到了奶瓶。在這樣的練習中，寶寶的爬行速度與穩定性也愈來愈進步；但如果在他不餓時，這個方法可能就起不了作用，因為此時奶瓶對他並沒有什麼意義。如果當寶寶努力朝著奶瓶爬過去，當快要搆到奶瓶時，大人又把奶瓶移到他處，想讓寶寶爬久一點、爬遠一點，幾次之後寶寶可能就不爬了，以後看到奶瓶也引不起他爬行的動機，因為那個目標是不確定的，爬過去這件事也就沒有意義了。

　　又如：小珍的媽媽帶著她一起把玩具分類後放到櫥櫃中特定的區域，並且約定好以後玩具玩完就放回原來的位置，這樣要玩什麼就知道在哪裡，於是家裡的玩具就不會再丟的到處都是。偶爾小珍忘了收，媽媽只需要提醒她一下，她就知道要收去哪裡了。而元元的媽媽則抱怨怎麼都沒有辦法教會元元收玩具。一問之下得知，媽媽雖然每次看

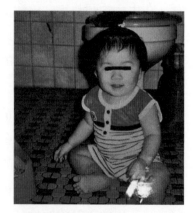

剛學會爬行的寶寶爬到浴室後
得意的笑著。

到元元的玩具或書籍沒收拾就會叫他收，但最後都是由媽媽自己收拾的。進一步詢問元元後發現，他並不知道要怎麼收或什麼東西該放在哪裡，而且他覺得把玩具、書籍堆在地上很好玩；媽媽唸他，他反而覺得很有趣。這兩個案例的差別在於：小珍有明確且有意義的目標，可引導她努力去達成；而元元則並不清楚母親的期待或目標為何，因此也就無法引導他努力的方向。元元的行為是紊亂、缺乏組織的，這也反映出他的大腦沒有好好組織刺激並做出適當的反應。

二、適當的反應

所謂的適當反應就是對於感覺經驗所做的一種有目的、目標導向的反應，例如：一個小嬰兒看到搖鈴會去拿，這個「拿」的動作就是一種適當反應；當搖鈴放在他拿不到的地方時，他會爬過去拿，這又是另一種較複雜的適當反應。適當反應的產生即表示克服了挑戰，並學習到一些新的事物。孩童天生就喜歡接受各種挑戰，從這些經驗裡來獲得各種新鮮的刺激，發展新的技巧。能夠整合所經驗到的感覺，並做出適當的反應，會帶給他們快樂。

在做出適當反應之前，我們必須先能組織由身體及環境而來的感覺。所以當孩童能做出適當反應時，這表示他的大腦正在有效率地組織各種感覺。以孩童學會騎腳踏車為例：他必須能感受到地心引力的牽引，以及他身體的動作，才能平衡自己及腳踏車。當他的重心偏離了，快要跌

孩童在大人陪同下學習騎腳踏車。

15

倒時，他的大腦會整合這些感覺並產生適當反應，例如：調整重心。倘若大人在旁邊扶著車子，以避免孩童跌倒，孩童就無法獲得明確的回饋刺激，無法確知地心引力的方向，因而也就無法調整或控制身體的動作而做出適當的反應，也就不容易學會騎腳踏車這件事。

此外，每個孩童都會遵循大致相同的程序發展，就像蓋房子一樣，一塊磚、一塊磚的逐漸搭建起來。以學習走路為例，孩童要先會抬頭，才會坐；會坐之後，才會爬，再會走。知覺的發展也是逐漸累積而成的，例如：孩童先發展認識身體的感覺，了解身體的空間關係，進一步才能了解物體與他身體的距離，幫助視知覺的發展。所有學習能力、行為和情緒的成長也都是這樣逐漸累積發展而來的。

倘若孩童偏離正常的發展進程太遠，就需要留意是否有特別的因素影響了孩童的發展，以便能夠盡早發現，及時提供其協助。我們無法透視大腦，但孩童的行為表現就反映著大腦活動的結果；因此，我們只需要觀察孩童的表現，就能夠知道他的感覺整合功能如何。以下就從感覺整合的觀點，來看看一般兒童的發展。

三、發展的過程

（一）第一個月

1.觸覺

當孩童在母體內時，其觸覺即已發展了。一個新生兒，如果碰觸他的臉頰，他就會將頭轉向你的手；這雖是個反射動作，但能夠幫助孩童找到乳頭吃奶，所以在此階段是個適當反應。當孩童逐漸長大後，他就漸漸能夠區辨刺激的性質，而不再輕易上當，這就是感覺整合發展的結果。當孩童仰躺時，將手帕蓋在他臉上，他會嘗試活動頭、手去把手帕弄掉；當有東西碰到他的手掌，他會自動握住，這些反射動作都有維生

的作用，幫助一個新生兒維持呼吸順暢，或是在快要跌倒時抓住東西。此外，觸覺在這個時期是情緒滿足的主要來源，親子之間的接觸是大腦的發展及建立親子關係的重要因素。

2.前庭覺（亦即地心引力的作用與移動的感覺）

一個新生兒就已能感受地心引力與移動的感覺，例如：當嬰兒突然從媽媽的臂彎裡滑落時，他會立即張開雙臂，像要抓住東西。這是由於他的內耳感受到地心引力與移動的感覺，告訴他要摔倒了，趕快保護自己。當母親把嬰兒抱直，讓他的頭靠在媽媽肩上時，嬰兒會不時地嘗試抬起頭來，這也是內耳的前庭系統接收到地心引力的作用後，引發了頸部肌肉收縮的適應性反應。隨著持續的練習，不久後，當嬰兒趴在床上時，就能夠將頭抬離床面了。此外，母親很快的會發現，嬰兒喜歡被抱著走動或輕輕地搖晃，這表示嬰兒的大腦能夠組織、整合這樣的刺激。

3.本體覺（亦即由肌肉和關節而來的感覺）

一個多月大的小嬰兒通常能夠在母親的懷中調整姿勢，這主要是依賴他的肌肉、關節，以及內耳傳來的感覺，刺激了他的神經系統而產生的，同時也在感覺如何做出這些動作。他會做出許多看似無目的、笨拙的動作，當他仰臥時，手腳會不停地亂動亂踢；趴著時，會有類似爬的動作。漸漸地，這些動作會變得有組織、有目標性。

一個月大的小嬰兒，當他的頭轉向一側時，該側的手臂容易伸直，而腦後側的手臂則傾向彎曲，這是由頸部的肌肉、關節傳來的本體覺所誘發的一種反射反應——頸部張力反射，這讓小嬰兒能夠看著自己的手伸出去搆東西。但隨著感覺動作的經驗增加之後，小嬰兒逐漸能夠自主控制其動作。大約六個月大時，頸部張力反射的影響就不明顯了；如果小嬰兒有過強的頸部張力反射，或是六個月大以後仍有明顯的頸部張力反射，就表示其大腦的感覺整合功能可能運作不良。

4.視覺

　　一個月大的小嬰兒，視覺發展還不太好，焦點模糊，不能分辨複雜的形狀或顏色，這時他主要經由動作及觸覺來發現危險，而非經由視覺。他發展視覺的第一步，是學習用眼睛跟著人或物體移動，頭也會跟著動。這個適應性反應需要由視覺、眼睛周圍的肌肉與頸部傳入的本體覺，以及由內耳傳來的前庭覺配合而產生。

5.聽覺

　　一個月大的嬰兒會對聲音有反應，聽到人聲或鈴聲會轉頭過去或微笑，但還不懂其意思。聽覺反應是發展語言的第一步。他的喉嚨會發出一點聲音，喉部肌肉收縮的感覺配合聽覺，可幫助大腦發展語言中樞。

6.嗅覺和味覺

　　嗅覺和味覺也是出生時就已發展好的感覺系統。通常新生兒就有分辨媽媽氣味及食物味道的能力，憑藉著嗅覺和味覺引發出吸吮反射，使其可以獲得營養。

　　綜合而言，一個月大的嬰兒已經擁有一些適應性反應，雖然這些大多為經由感覺刺激所引起的反射性反應，但已足以讓其滿足維生的需求。隨著感覺動作的經驗之累積，嬰兒的動作及感覺區辨能力都將愈來愈準確，效能也會愈來愈提高。

（二）第二～三個月

1.眼睛和頸部

　　嬰兒的動作發展是由頭部開始。一、二個月大的嬰兒當身體傾斜

時，他會自動抬起頭部，與地面呈垂直的位置；這是其大腦整合了前庭覺及／或視覺與來自頸部肌肉的本體覺所做出的適應性反應，以避免跌倒。頭部穩定性的發展有助於眼睛的聚焦，進而發展視知覺。如果頭部無法保持穩定，則眼睛就無法聚焦於目標物，看到的東西是模糊不清的。而來自於頭頸與眼肌的刺激還要與內耳的前庭覺整合，才能夠知道身體（頭部）的位置，並學習控制眼睛和頭部的穩定，讓頭部保持與地面垂直的位置，尤其是當身體在移動中，也要能夠保持眼睛和頭部的穩定；這就涉及之後整個身體的平衡及控制的發展。因此，頭部與眼睛的穩定是發展其他能力的基礎，包括之後的閱讀能力。

2.抬起上背

當嬰兒能夠抬起頭部之後，當他趴在床上時，就會努力嘗試使用上背部的肌肉及手臂將上半身抬起來。這主要是大腦接受到了地心引力的刺激，而使得上背部的肌肉收縮的結果。此時，扶著嬰兒的下背，他可能就可以將上半身和頭部挺直起來。想想一個一歲左右的嬰兒就能夠站立起來，這需要多麼大的內在驅力來促使他發展出對抗地心引力的作用啊！

3.抓握

三個月大嬰兒的手不像新生兒那樣握著，大部分時間是張開的，但此時的抓握並不是完全自主的。當東西觸到他的手掌時，他的手會自動握起來，而且是以小指側的三指為主，拇指與食指較無參與，因此抓握的效能不好，而且不能夠主動的放開。隨著經驗的累積，大腦整合觸覺、本體覺、視覺及回饋刺激，幾個月以後他就會發展出更有效的抓握方式了。

（三）第四～六個月

1.手臂和手

六個月大嬰兒的兩手會靠攏來互相把玩，或是兩手各拿一個玩具互相敲打，這是身體兩側協調發展的開始。這時嬰兒會出現一些有目的的動作，例如：伸手碰觸面前的東西或拍打它、拿湯匙敲桌子、伸手去抓碰吊著的玩具等，顯示他開始整合刺激，有意識的計畫動作。同時，他開始感受到自己可以對外在世界造成影響，並從中獲得滿足感，這是日後發展成熟情緒的基礎。漸漸地，他曉得兩手的空間關係，學習運用觸覺、本體覺與視覺來準確地使用雙手。這時他的手腕會轉了，可以有更多種的操弄方式，經驗更多的計畫動作及感覺整合的過程。

2.小飛機姿勢（即以腹部為支點，身體其他部位抬離地面）

在嬰兒六個月大時，當他俯臥著時，他的神經系統對於地心引力的拉力特別敏感，促使他能夠同時抬起頭、上半身、手臂及下肢，很像要飛一樣。此階段的嬰兒仰躺著時，腳也會抬起來把玩或是將頭抬離地面，這同樣是一個抗地心引力的動作發展，對於之後的翻身、站立及行走發展所需要的維持身體直立的肌肉張力，非常重要。不久之後，嬰兒就可以自己由仰躺翻成側躺或趴著了。這時他可獨自坐著一下子，這個自然的肌肉反應是靠前庭覺、本體覺及視覺的引導而產生。

3.動的興趣

六個月大的嬰兒喜歡被人抱著有節奏的舞動、拋在空中等刺激較大的動作；由人從腋下抱著站立時，他的雙腳會用力蹬，使得身體上下移動。藉著這些動作，孩童體驗速度及方位的改變，學習駕馭地心引力；孩童若會開心的笑，表示他能夠整合這些刺激。但若動作過猛，超出他

能夠駕馭的範圍，孩童可能就會哭；這表示他不能整合這些感覺，他的神經系統被擾亂了。

綜合而言，六個月大的嬰兒已經擁有一些自主的適應性反應及發展身體抗地心引力的能力。如果大一點的嬰兒仍作不出小飛機姿勢或是抬起腳來把玩，或是將頭抬離地面，有可能是因為他在整合前庭覺及本體覺方面的能力不佳，如此一來，他要翻身或坐起來可能就會有困難。

（四）第六～八個月

在這個時期，孩童的移動能力增加了，有助於空間概念的發展，這讓他的手眼協調以及計畫動作能力更增加提升。

1.移行能力

這個時期一個最重要的發展就是移動、爬行，這可增加嬰兒和環境接觸的機會。要能夠爬行，第一步就是要學會由仰臥變成趴臥，之後嬰兒醒著時，大多時間都喜歡維持趴姿，在這個姿勢下，嬰兒可以嘗試移動身體、觀察四周。漸漸的，嬰兒就能夠肚子貼地的向前爬或向後倒退，再一段時間之後，就可以肚子離地爬行了。此時爬行的速度變快，嬰兒可以快速的爬向目標或是到處探索，也會開始扶著高起的被子或牆壁，嘗試由坐姿跪立起來。這一系列的發展也都是大腦整合前庭覺、本體覺及視覺刺激而發展的。

2.空間概念

移行能力的發展使孩童能體會到自己與物體間的距離及方位變化。由一處爬到另一處或是由躺臥變成坐姿及跪姿，有機會觀察或把玩所有搆得到的東西，有助於學習認識空間的物理結構，進一步發展空間概念。而這也是之後學習判斷遠近與物體的大小、形狀及恆常性之基礎。

3.手指與眼睛

隨著移行與變換姿勢能力的提升，嬰兒的眼球控制能力也發展得愈來愈好，幫助他在動態活動中能夠定位、觀察。這時期嬰兒的手部控制也發展到能夠有單指獨立的動作。藉著視覺的引導，他會用食指去戳小洞，也會用拇指與食指去拿小東西、拉細繩子等，他的動作愈來愈精細，手眼協調的發展也愈來愈好。這些是大腦整合觸覺、本體覺及視覺刺激而發展的。當然，同時也需要整合前庭覺、本體覺及視覺來維持姿勢及穩定，才能夠發展得好。

4.計畫動作

這個時期的孩童會兩手交換把玩一個小玩具，例如：搖鈴、積木塊，或用一手拍打另一隻手上的玩具；知道如何搖一個鈴、把蓋子掀開再蓋上，或者自己用手拿著餅乾或水果吃。像這樣比較複雜一點的動作，是需要大腦組織相關的感覺刺激及動作記憶，先計畫步驟，再執行出來。當東西從桌上掉下去時，他會往地上看，企圖找尋；當玩具不見了或被被子、手帕遮住時，他知道它們還存在，會嘗試移開障礙物來找尋。這是能夠在腦中存留物件影像的表現。

5.牙牙學語

八個月大的孩童能夠聽得很好了。對熟悉的話，他能了解某些聲音代表著什麼意思。他會連續重複的發一個單音，例如：「媽！媽！媽！……」，「爸！爸！爸！……」，「嗒！嗒！嗒！……」等。雖然可能沒有特定的意思，但大腦在這個牙牙學語的階段蒐集了許多由頜關節、口腔、舌頭，以及皮膚而來的感覺，並和聲音加以整合，逐漸可學會發出較複雜的聲音。如果孩童沒有牙牙學語的經驗，以後學習講話就可能會有困難。

（五）第九～十二個月

這個時期，孩童能夠爬得更快、更遠，發現更多新事物，對環境有更多的接觸。隨著行動產生的大量感覺刺激促使他的大腦以及神經系統學習協調身體的兩側、計畫動作、發展視知覺。

1.站立及行走

這個時期的孩童會扶著傢俱蹲下再站起來，且會重複的做；也喜歡讓人牽著一手或兩手學習邁步。大約到一歲左右，就可以獨自站立或行走了。要把那麼高的身體平衡在兩隻小腳上，對孩童來說是一個艱鉅的任務，這都建立在之前階段孩童整合前庭覺（地心引力與動覺）、本體覺（來自身體關節與肌肉）及視覺刺激的基礎上。

站立對孩童自我形象的建立是非常重要的，因此最好讓孩童有機會自己練習站起來，這樣他才能夠掌握各種狀況、發展好的平衡能力，並從中獲得成就感。

2.玩

這個時期的孩童會有很多種玩法，大動作方面如：鑽到桌子、椅子等傢俱的下面或裡面、丟擲球或積木塊（雖然可能就落在面前）、幫他洗澡時，他會用手拍水或拿水瓢舀水玩。精細動作方面如：敲打東西、將報紙打開或撕著玩、重複玩按壓，如按某處就會有聲音或彈出一個東西來的玩具、撥弄玩具的輪子或會轉的東西、扭轉各種可以旋轉的旋鈕、嘗試自己看圖畫書並翻頁等。這時期的孩童也開始學著使用工具，如自己試著用湯匙吃飯、拿蠟筆畫圖等。在玩的當中，他的手常會橫過身體中線，此即身體兩側協調的初步。感覺整合功能不好的孩童則不易看到這個現象。

此外，十個月大的孩童已會主動和人玩躲貓貓的遊戲，當人拿東西遮在面前再拿開，或躲在東西後面再露出臉來，孩童會注意的看著。重複如此跟他玩，孩童會很喜歡。當大人教他認識周邊的物件或花草時，也會專心的看著、聽著或動手去觸摸。看到電視上或身旁的小朋友唱歌或跳舞，會跟著哼唱或舞動。這顯示孩童已開始能夠透過視覺學習與模仿了。

3.語言

這個時期的孩童會咿咿啊啊的說事情。孤單時，會發出聲叫人來陪他或跟他玩，也可能有意義的發出「爸爸」或「媽媽」的音，例如：當他想爸爸或媽媽，或要向爸媽求助時。看到熟悉的東西會用手去指，或發出聲音，像是想要別人告訴他東西的名稱。此時，孩童雖然只能講簡單幾個字，但已能聽懂很多話了，例如：他會依別人的口令做特定的表情，如「瞇瞇眼」。這顯示他的大腦整合了牙牙學語的感覺動作經驗，逐漸學會控制發聲的器官了。

（六）第二年

在第二年中，孩童繼續學習走得更穩、說更多的話，以及做更複雜的動作。如果孩童在頭一年中的感覺整合發展不好，那麼他就很難再進一步學習；同樣地，在第二年的發展若不好，以後的發展也會有困難。

1 觸覺區辨

孩童一出生即擁有觸覺，照顧者溫柔的擁抱與撫慰讓他感覺舒適與安全，潮濕或骯髒的尿布則讓孩童感覺不舒服，因而可能哭泣、煩躁。此外，身體皮膚也幫助孩童認識自己的身體。早期他並不知道身體被碰觸的部位，他的頭雖然會轉向被碰觸的地方，但那只是一種自然的反射

動作，並沒有太大的意義。隨著感覺整合的發展，到第二年時他就能夠粗略地指出身體被碰觸的部位。

　　觸覺能夠告訴我們一些眼睛看不見的事情，比視覺更早讓孩童知道身體的輪廓與結構；整合觸覺與本體覺，可幫助孩童知道肢體的動作，發展身體知覺。觸覺幫助孩童能夠更有效地運用肢體，尤其是手部的精細操作，如果孩童不能有效地運用觸覺，他可能無法發展清楚的身體知覺，進而影響其動作計畫與表現。他可能會坐、會站、會走，但常弄倒東西，或到處碰撞。玩玩具、扣釦子，或使用器具的技巧也可能比同齡的孩童弱。

2.活動能力

　　在孩童一至兩歲這一年，他會嘗試各種玩法，以獲得更多的刺激。因此有人說兩歲的孩童連貓狗都嫌，常常讓父母感到很操心。這些關於物理世界的多樣化經驗，對孩童大腦的感覺整合發展就像食物跟水之於維持生命一樣重要。孩童透過充分的運用身體、探索環境，進而能夠掌握自己在這個世界上的行動，也愈有能力去與環境產生互動，包括與人溝通、使用器具等。如果孩童不愛玩、不愛活動，他就無法充分認識世界與自己的身體，這才真要擔心呢！

3.身體圖像

　　這個年齡的孩童喜歡跟著別的小朋友或兄姊跑來跑去，或追著玩、搬著重物（如搬椅子）到處走動、在桌椅等傢俱下面鑽來鑽去的玩。他們也喜歡用特別的方式移動，像跪著行走或踮著腳尖像騎馬一樣跳蹬著走，或是被劇烈地搖動或旋轉，覺得很好玩。這些活動提供許多的前庭刺激、本體覺及觸覺刺激，幫助孩童在腦中建立身體的圖像，知道自身在空間中的位置，以及身體各部位的動作與功能。身體圖像愈清楚，孩

童就愈能夠靈活運用其身體。

4.攀爬

　　孩童不只在地上玩，也喜歡爬高，如爬上爬下桌椅或家具、爬上爬下階梯，或是站在高處如滑梯上方，向四處觀望。攀爬必須有要很好的感覺動作協調能力，以及駕馭地心引力的能力。爬高能提供孩童不同角度的視野，整合身體感覺與視覺，有助於發展視覺空間概念。

快兩歲的孩子第一次體驗走上斜坡，又怕又興奮。

兩歲的幼兒正小心翼翼地走下樓梯。

5.發展自我

　　對於一歲多接近兩歲的孩童而言，自我的建立是一件很重要的事。如果他能夠有效的整合各種刺激，此時也就能逐漸知道自己是一個獨立於照顧者或他人的個體，便可不再受地心引力的束縛，自由的行動。他發現自己可以對外界造成影響，例如：他想要自己拿杯子喝水或是用湯匙吃飯、自己脫掉襪子或鞋子、抓著蠟筆在紙上畫，雖然只畫出零散的筆觸。他會趁著大人不注意時，去玩平時不准他玩的東西，看到大人在

掃地他也要掃，也會主動拿故事書去找別人講給他聽。這些都是自我能力的展現，能幫助孩童朝向一個自力更生的個體發展。

此時，孩童開始感覺到可以自己做主，而且他要讓別人也知道。所以在這個年紀的孩童會喜歡說「不要！」這可能讓父母很頭痛，但這對於孩童的自我與社交能力的發展卻十分重要。父母需要用耐心和智慧來接受孩童的這種表現，並協助他認識自我與學習掌握自我。

一歲九個月的小敏有模有樣地學大人掃地。

（七）第三～七年

兒童在二歲以前，主要是透過整合由感官及身體動作所得到的刺激來認識自己與世界，這相當於皮亞傑認知發展理論中的「感覺動作期」。二歲以後到七歲的這五年則相當於「前運思期」，幼兒開始能夠使用符號代表實物，對推理感到興趣，但因為此期間的兒童對事物的理解尚不夠全面，因此其思維方式是直覺性的，常常不合乎邏輯。直到七歲以後，兒童才進入「具體運思期」，能夠對具體事物進行符合邏輯的思考，進而解決問題。因此，在二歲以後至七歲的這五年間，孩童的感覺整合經驗對其認知功能的發展扮演著重要的角色。

在這個階段，孩童的大腦對於各種刺激的接收與整合能力特別強，他們會嘗試去做有挑戰性的活動，或從事各種冒險。透過這些歷程幫助孩童知道自己的能力與限度。他的反應方式也愈來愈複雜。孩童每做出一個新的動作，即表示其大腦有更進一步的整合。他也需要學習操作各種器具，像牙刷、剪刀、掃帚與畚箕，或是學習自己穿衣褲、鞋襪，以

及拉拉鍊或扣鈕釦等。這每一項的活動都需要利用早期得來的經驗及能力，並且發展更精細的操作技能，而非大人以為的自然就會的。

　　一般而言，到六、七歲這個年紀的孩童，其感覺動作協調功能逐漸發展成熟，已具備了基本的學習能力，包括：閱讀、書寫、計算、概念理解及組織能力等。不論在技巧性活動，如跳繩、勾橡皮筋、玩呼拉圈、跳房子等，或是在體能活動，如跑步、球類活動、吊單槓等，都有長足的發展。這時候孩童已經能夠計畫一系列的活動，並且能夠理解及使用語言來表達他的需要或興趣。他能夠與不同的人講話並產生關聯。這時的孩童已是一個擁有自信與自尊，且能夠自我控制的個體，有能力適應團體並發展友誼了。

　　圖 3-1 是以感覺整合的觀點看兒童發展，將孩童的發展以逐漸搭建的概念分階段呈現。各階段能力的發展是搭建在前一階段的能力之上，若前階段的能力發展得不好，則後階段的能力通常也會受到影響。橫向的關聯則顯示各種功能的發展與感覺系統之間的關係。

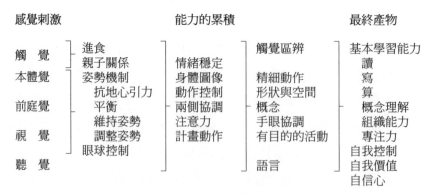

圖 3-1　感覺整合發展的過程

第四章

各種感覺系統及其與學習能力之關係

　　視覺、聽覺、觸覺、味覺和嗅覺是我們一般比較熟悉的五種感覺，但是有兩種更基本、更重要的感覺常被我們忽略，那就是本體覺與前庭覺。視覺、聽覺、觸覺、味覺和嗅覺通常是我們可以主動控制（接受或拒絕）的，然而本體覺與前庭覺則常常是在不自覺的情況下產生的，例如：當身體有任何動作時，即會產生本體刺激，如果頭部跟著移動，則同時也會產生前庭刺激。此外，當環境晃動，就如站在公車上時，隨著車子的移動與搖晃，就會得到前庭刺激，如暈車即是對前庭刺激的反應。而在此同時，隨著車子的移動與搖晃，我們的身體也會自然地做出平衡反應以維持姿勢，因此就產生了本體刺激。

　　以下分別介紹各種感覺系統，包括其組織、功能及其與學習能力之關係。

一、前庭系統

（一）組織

前庭系統可說是本體覺的一種，因為它是比較特殊的一種感覺，所以通常都將它分別視之。

一般來說，前庭系統包括受器、腦幹部的前庭神經核、神經束，以及大腦中與他們相關聯的部分。其受器是指位於內耳迷路上的橢圓囊斑、球狀囊斑及三半規管底部之壺腹內嵴。狹義地說，前庭系統便是內耳骨性迷路（osseous labyrinth）內的內膜性迷路（membraneous labyrinth），且主要是指三半規管、和半規管相通之橢圓囊（utricle），以及和橢圓囊相通之球狀囊（saccule）而言。三半規管和橢圓囊相接處膨大而形成「壺腹」，壺腹壁肥厚處稱「壺腹嵴」（crista ampullaris），嵴內有許多支持細胞及毛細胞，它們一一伸向布滿腹內之某種膠質中。此外，橢圓囊和球狀囊壁上肥厚，稱為「斑」（maculae），斑內也布滿支持細胞和毛細胞，且由一層膠質包住，而膠質內嵌有耳石（otoliths）。當三半規管內之耳液（otic fluid）晃動時，也震盪膠質（cupula），因而刺激了其中的毛細胞；至於「斑」則是當重力作用時，使耳石移動而來回牽動感覺細胞上之小纖維，能發揮感受訊息之功能。所以「嵴」，或也有人說「半規管」是前庭系統的「動受器」（dynamic receptors），負責感受角加速度的運動；而橢圓囊、球狀囊，或也有人說「耳石器官」，是前庭系統的「靜受器」（static receptors），負責感受直線加速度（即重力）之運動。傳到毛細胞這一段通路，稱為「周圍通路」，而其中樞通路則由前庭神經開始，前庭神經走在內耳道，與耳蝸神經（cochlear nerve）並行，最後合成第八對腦神經——耳蝸前庭神經（vestibulo-cochlear nerve），在橋腦（pons）與延腦（medulla）之間進入腦

幹（brain stem）。此後，前庭分支便走腹內側到蠅狀體，分為上行根（ascending root）和下行根，並分別通往同側的側、內、下及上前庭核，小腦的頂葉及部分灰質。至於前庭系統到大腦皮質的路徑無疑必然存在，但其確定的路徑及大腦皮質的部位則仍未知悉。從前庭核出來的纖維，或上行或下降到左右兩側的內側縱束（medial longitudinal fasciculus），內側縱束之上行纖維通到控制外眼肌肉之動眼神經核（oculomotor nuclei）、滑車及外旋神經核（trochlear & abducens nuclei）；其下行纖維則進入脊髓，與灰質內之聯絡神經元（internuncial neuron）相連，這些神經元的軸突（axon）又通到脊髓前角細胞（ventral horn cell），即運動神經元。前庭系統即藉此來控制頸部及上肢肌肉；另有一些從前庭核形成了外側前庭脊髓徑，其纖維通到每一層脊髓之灰質，這又使得軀幹及四肢能在前庭系統控制之下。

前庭核除了接收來自迷路（labyrinth）的訊息外，也接收來自脊髓、網狀構造（reticular formation）、對側前庭核以及小腦的訊息，同時前庭核本身也會將訊息輸送給這些相聯繫的組織。由此我們知道，前庭系統在人體內扮演著非常重要的角色，與眼球、頸部、軀幹及四肢肌肉的活動有非常密切的關係。

（二）功能及其與學習能力之關係

1.對全身運動功能的影響

前庭系統在生命開始二十週時（即懷孕第二十週），即已分化完全，是體內相當早完成髓鞘化的組織。這事實具有不可替代的意義——前庭系統必須參與生命的發展，包括尚未出生的胎兒。

新生兒最初的一切行為幾乎都是由神經反射（reflex）所控制，在粗動作的發展方面，所受到的影響主要是原始的姿勢反射（primitive postural reflex），其中又以頸部張力反射（tonic neck reflex, TNR）及迷路

張力反射（tonic labyrinthine reflex, TLR）為最主要。隨著年齡的成長及神經的成熟，前庭系統引導嬰兒向抗地心引力的方向發展，這些反射便逐漸被抑制住，因此嬰兒才能夠在俯臥時將頭抬起來，上半身抬高，視野範圍擴大，之後在仰躺時也能夠將頭抬起來。隨著抗地心引力的能力提高，姿勢肌肉的張力增高，嬰兒逐漸可學會坐、爬，及至日後的站、走。

姿勢的維持需要許多肌肉頻繁的、富有彈性的、隨時可以改變張力而又不牽動骨骼的收縮，才能夠產生良好、有效的平衡反應，達到維持及變化姿勢的需要。前庭系統受器「斑」及「嵴」內的毛細胞，能夠自動而持續地放出某種神經化學傳遞物，它使前庭核發出訊息，經由內、外側縱束（medial & lateral longitudinal fasciculus）傳到脊髓的前角細胞，激發加碼傳出神經元（γ-efferent neuron），以維持肌肉張力，控制姿勢。

從事學習障礙問題研究多年的艾爾絲博士（Jean Ayres），在臨床觀察的過程中，發現很多學習障礙孩童的肌肉張力通常都比較低。她認為這是因為加瑪傳出系統（γ-efferent system）得不到足夠的訊息以維持全身肌肉的張力性收縮，尤其是頸部、手部、背部和腳部，這些抗地心引力肌肉不能維持某種程度的收縮時，表現出來的便是坐著時，頭都抬不好、站不穩、容易疲倦、無法做出如「軸趴」（pivot prone）小飛機的姿勢等。在課業的學習上，因頭頸部張力差，而不能夠穩定的控制好頭部，因此在抄寫黑板上的字時，會有困難。這種穩定的注視物體方面的困難，也影響到視知覺能力的發展。

肌肉張力不足對運動方面的影響自不在話下。在運動功能上十分重要的直立反應（righting reaction）及平衡反應（equilibrium reaction），也隨著神經系統的成熟而發展出來。直立反應簡單地說，是指頭和身體能夠保持在某種最合適、最有利平衡或移動的姿勢，通常是與地面垂

直；而平衡反應則是使人能夠維持或再回復原來的姿勢。前庭系統藉著它對頭部位置變化的特殊感受力，促使這些反應完成，其訊息部分經由內、外側縱束傳到四肢肌肉，同時也將消息傳到腦部其他組織，尤其是腦幹（brain stem）及小腦（cerebellum），一同改變整個身體的姿勢。小腦和平衡的關係早為大家所熟知，而腦幹的功能則如艾爾絲博士所說：「是許多神經訊息中樞（neural center），在腦部其他組織之協助下，負責控制各種姿勢反應」。前述的兩種反應若沒有前庭系統的引導，便不能發揮功能。這種功能發展成熟後，可成為一種自動調節的能力，使人們可隨時依著環境或肢體的變動，很自然的調節自己的姿勢或位置，維持一個穩定而安全的姿勢，以便能夠繼續操作活動。

　　臨床上發現，許多學習障礙並有前庭系統功能失調的孩童，當身體轉動或在寫字、操作工具時，沒有辦法自然地保持身體平衡，因此必須非常吃力地控制自己不要跌倒。這類孩童常常不喜歡上體育課、不喜歡運動，在課堂上也因平衡及直立反應能力的不良，而不能保持良好的姿勢，無法持續且輕鬆的學習課業。

2.對身體知覺發展及計畫能力的影響

　　個體藉由前庭系統接收有關地心引力的牽引，以及身體在空間中加速度或減速度變化的訊息，再加上本體覺、觸覺、視覺等系統的配合，才能正確地解釋出肢體的動作及其在空間中的相對位置，例如：孩童初次玩滑板時，可能會將身體的胸部趴在滑板上，以致雙腳拖在地上不利滑行；他也可能將身體腹部趴在滑板上，以致一滑動時，上半身即接觸地面。經由不斷的調整、練習之後，孩童就逐漸能夠掌握身體的重心，輕而易舉地就能夠平衡的趴在滑板上了。又如：當孩童鑽過障礙物時，身體可能會卡住或是將障礙物撞倒，這也顯示他對自己身體的概念尚未建立得很好。然而，隨著不斷地練習、經驗的累積，他就會一次比一次

輕巧地鑽過障礙物了。這即反映出孩童愈來愈認識自己的身體，也愈來愈能夠掌握即運用自己的身體。要有好的身體空間概念才能夠發展出良好的肢體運用及動作計畫的能力。

　　臨床上發現，一些學習障礙的學童有運用不能（dyspraxia）的問題，進一步檢查常會發現他們的身體空間概念不良，以致影響了計畫動作的能力，使得他們在做一些不熟悉或較需要技巧的活動，例如：美勞活動或寫字時，常顯得較為笨拙。

3.對眼球動作、視知覺及空間概念的影響

　　關於眼球動作方面的影響，由前述對於前庭系統的介紹，我們知道前庭系統能控制動眼肌，而影響眼球之動作，使我們不僅在頭部固定不動，甚至在頭部或肢體移動時，雙眼皆能有效且穩定的協調注視著固定的物體或正在移動中的物體。且藉由前庭系統對於身體其他部分所受到刺激的解釋，使我們能夠清楚的分辨出究竟是眼睛本身的動作、頭部的活動，抑或是視野在移動。這種功能對於一個嬰兒自幼學習注視及視線追蹤，以致於後來的視知覺發展，都有非常重要的影響。這種能力若發展不良，自然地會造成日後學習課業上很大的困難。

　　臨床上發現，一個有學習困難的孩童，常常也有前庭系統功能的失調，所表現出的問題是，當他要用眼睛追尋一個移動的物體，或將視線由一固定點很快的轉換到另一處時會有困難，同時其眼球的移動常不平穩，可能有落後或跳動的情形出現，因此他在閱讀、寫字或在運動、玩球時，沒有辦法看得很精準，導致容易跳漏單字或字行、寫出的字體結構不佳、接球接不好等問題，很自然的在功課及運動上可能顯得比同儕要差。

　　艾爾絲博士曾比喻「感覺是神經系統的食糧」，在視知覺方面，前庭系統所接收的感覺輸入是大腦建立視覺形狀及空間知覺（visual form and space perception）時不可或缺的營養要素。一如白紙的大腦在發展過程中若是缺了它，孩童將永遠無法感受到他人所說的抽象概念，如上下、左右、前後等，因此讀與寫對其來說便是一件困難的事情。艾爾絲博士在《感覺整合與學習障礙》（*Sensory Integration and Learning Disorders*）一書（Ayres, 1972）中說：「空間知覺」中最基本的要素是個體對於地心引力方向的認識及正確解釋的能力；又說：使個體知覺到運動及地心引力的前庭系統是發展空間知覺的源頭。前庭系統刺激結合視覺及本體覺能幫助孩童認識三度空間，例如：嬰兒喜歡被大人快速高舉，或是坐在大人的腿上上下晃動，在這樣的活動中一方面感受上下的晃動，眼睛看到的物件也跟著移動、變化，同時他的身體還要配合著晃動的速度與軌跡穩定身體、維持平衡。當幼兒在爬上階梯時會不斷地回頭往下看，也是在整合他所感受到的前庭覺、本體覺及視覺，以建立視覺空間概念。又如：孩童在溜滑梯時，常喜歡從滑梯下端往上爬，雖然很難爬上去，大人可能也會阻止他這麼做，然而這些都有助於發展空間概念，且是視覺與空間概念的基礎。

　　只有體認了地心引力的方向，才能懂得最基本的上和下之概念。有了上下、左右、前後等基本概念之後，再配合良好的計畫動作能力，才能在學習繪圖、認字、寫字、讀書上有較好的表現。一個視知覺有缺陷的學童，可能常會出現寫反字（例如：3、9 寫成 ε、ρ）或結構比例不佳，圖畫上下或左右顛倒等情形，自然在學習上造成阻礙。

4.對聽覺及語言的影響

　　依前庭系統的解剖構造上來看，前庭系統之受器在內耳之中，因此有學者認為前庭系統與聽覺系統有非常密切的關係，因為聽覺又是語言學習之基礎，因此雖然前庭系統與聽覺、語言之間的關係仍不十分明確，但仍有許多學者嘗試藉由改善前庭系統之功能，來改善聽覺及語言

的能力，例如：從事以前庭刺激為主的活動之後，無口語的孩童可能發出較多的聲音。

5.對情緒及行為發展的影響

由於前庭系統很早即已分化完全，讓胎兒及嬰幼兒可在動作中認識到自己與地心引力間的關係。隨著感覺整合的成熟，他們能夠抗拒地心引力，認識自己肢體的位置及空間關係，進而自由的使用自己的肢體，有效的達到目的，這些都能帶給他們駕馭環境及自我控制的安全感。這種能力的發展甚至早於母子之間安全感的發展，可說是情緒與行為發展的基礎。

各種不同型式的前庭系統刺激，都有穩定情緒，甚至激發一種愉快心情的功用，帶來安全感或興奮的情緒，例如：當嬰兒哭鬧時，母親會將他抱起來搖哄；孩童喜玩溜滑梯、翹翹板或翻筋斗的遊戲；成年人喜歡滑雪、開快車或飛行；老年人則喜歡坐在搖椅上來回的搖動等。

一個前庭系統功能失調的孩童，因為沒有辦法有效的掌握身體位置與姿勢，控制自己的肢體，因此害怕跌倒，自然就不敢嘗試去玩一些好玩的遊樂器材，如此他接受到的前庭刺激又更少。這種惡性循環的結果，使得這類孩童的情緒變化不穩，心理社會化的發展不良，因而影響到人際關係的發展，更進一步地影響到課業的學習。

（三）小結

由以上對於前庭系統功能的介紹，可以了解前庭系統不僅影響到軀幹、四肢以及眼部的運動，甚至也影響到視知覺的功能，以及情緒行為的發展，而這些能力又都直接或間接的對學習能力有所影響。倘若一個孩童的前庭系統對於由地心引力及自己的動作所產生的訊息無法適當的接收與整理時，他的腦內簡直就一片混亂，因此沒有辦法有效的控制自

己的肢體，做出有效的活動（如寫字），也沒有辦法對外界的刺激做出正確的反應（如閱讀、計算），老師常常會認為這個孩童太不用心、太不用功了。然而試想，一個連坐著都需要費力來維持姿勢平衡的孩童，又怎能專心的寫好字？一個連分辨自己肢體方向及位置，或控制眼球平穩都有問題的孩童，又怎能好好的念書呢？

「感覺整合」的治療正是針對每一個孩童的不同需要，提供適當的前庭系統之刺激，來幫助孩童的大腦對於外界訊息做一整合，使得他們在肢體的操作控制及視知覺等方面能有所改善，並進而改善孩童在課業方面的學習。

由國外學者對前庭系統功能的研究，證明了前庭系統的影響。這些研究所包括的對象除了正常的嬰幼兒外，還包括了有學習障礙的學童、智能不足者、情緒障礙的孩童及腦性麻痺者。而其所研究的項目則包括了前庭刺激與神經反射的成熟度、運動功能、眼球動作、語言發展及情緒穩定的關係，例如：Clark、Kreutzberg 與 Chee（1977）曾對二十六名平均七個月大的正常嬰兒，給予四週十六次的前庭刺激，結果發現在神經反射方面，對照組隨著自然的成長，而進步了 3.8%，而實驗組則進步了 12.2%；在運動功能方面，兩組分別是 6.7% 和 27.4%。其中，有一對三個月大的同卵雙生子，一在實驗組，一在對照組，一個月後，前者已能自己坐，而後者只有發展出頭部控制的能力。另外，Kantner、Clark、Allen 與 Chaes（1976）、Fiebert 與 Brown（1979）、Ottenbacher、Short 與 Watson（1981），以及 Lydic、Windsor、Short 與 Ellis（1985），也同樣地發現前庭刺激對發展遲緩、唐氏症候群孩童的反射整合、粗動作、精細動作，甚至對於中風病人行走能力的改善皆有很大的影響。1983 年，Ottenbacher 回顧了各學者的研究報告後指出，大部分學者發現適當的控制前庭刺激，對各種障礙類型的孩童之運動功能、反射整合等方面，皆有正面的影響。

　　早期在前庭系統方面的研究，主要是偏重在對於調節肌肉張力、姿勢反射及運動功能等方面。近年來，許多研究更發現前庭系統對於兒童某些方面的發展，例如：警醒程度（arousal level）、探索行為（exploratory behavior）、注視力（visual fixation ability）、眼球搜尋動作（ocular pursuit movement）及語言等，也有促進作用。1968 年，Neal 做了一個實驗，他對三十一個早產兒每日給予搖動的前庭刺激，結果實驗組遠比對照組在聽覺、視覺和運動方面進步得多。另外，在對刺激語言發展或撫慰嬰幼兒情緒方面，Magrun、Ottenbacher、McCue 與 Rosemary（1981）以及 Korner 與 Thoman（1972）也分別指出了前庭刺激在這方面的功效。

二、本體覺

（一）組織

　　所謂本體覺就是來自於肌肉、肌腱、關節、韌帶、骨骼等深層組織的感覺，故又名深層感覺（deep sensation）。

　　本體覺的受器主要包括了：(1)與控制肌肉張力相當有關的肌梭；(2)與肌肉主動收縮張力有關的高爾基肌腱器（Golgi tendon organs, GTO）；(3)皮膚內感覺神經末端之橢圓的巴齊尼氏小體（Pacinian corpuscles）等，不過一般只討論前兩者。所謂高爾基肌腱器是指肌肉附著於骨頭處的肌腱。

　　當肌肉或肌腱受到牽動或伸張時，刺激經初級傳入纖維（primary afferent fiber, Ia）以及次級傳入纖維（secondary afferent fiber, II）進入脊髓，部分直接與前角運動神經元相接，而形成反射弧（reflex acr）；反射弧的作用是對於一個危險緊急的情況，做快速而直接的反應，而其他的纖維則繼續向上傳，一部分通入小腦，與平衡有密切關聯，一部分則

傳到大腦皮質。但大部分的本體感受刺激只傳到腦幹，而不再往上傳到大腦皮質。平常除非我們特別去「注意」肌肉、關節等動作之情形，否則根本就不會感覺到它們的動作或變化，所以我們通常不必用到大腦來控制我們的肌肉或關節的動作，就能夠很自然的維持自己的姿勢或平衡，並做出良好的動作。

（二）功能及其與學習能力之關係

　　在討論本體覺的功能時，常不能將之與前庭覺及觸覺等系統分開，因為他們彼此之間是相互影響、協調作用的。

1.對身體知覺發展及計畫動作能力之影響

　　由肌肉、關節等處得到的訊息（即本體覺）傳至大腦，大腦組織、整理這些訊息後，再將動作的命令傳回至肌肉等處，以做出反應；而動作反應又會再將訊息傳回至大腦，大腦即能夠根據這個回饋刺激不斷的修正並調整，直到做出最適當的動作，這可以說是一種不斷學習的結果。這個過程在一個人的發展過程中扮演著極其重要的角色，在動作發展中，若沒有良好的本體覺功能，就無法確知自己肢體的空間位置，也就不知道該如何去使用或調整其肢體，因此輕則顯得協調不佳，嚴重的則會顯得笨手笨腳，不知如何做出適當的動作。有這類問題的孩童其動作通常較慢且笨拙，常必須藉著視覺來彌補這方面的缺陷，例如：讓他解開衣服的釦子時，他必須用眼睛看著才會打開，若不用眼睛看著做，就會有困難。

　　有本體覺功能異常問題的孩童，除了操作工具等之手部活動有困難外，全身肢體的平衡也會受到影響，因此無法維持一個良好的操作姿勢，跑、跳甚至行走也可能會顯得較笨拙或容易跌倒。因此，在學校中，常會因為動作之笨拙，造成美勞活動或書寫困難，漸漸的，孩童變

得愈來愈沒有信心，更影響日後的學習。

2.對視知覺的影響

Hebb（1949）曾指出，由外眼肌（extraocular muscles）而來的本體覺刺激可以幫助對形狀及空間的視知覺發展。Breinin（1957）也曾證明，外眼肌的肌梭能傳遞靜止時的肌肉張力。本體覺乃配合著前庭系統共同調節眼部的肌肉，使得眼睛能夠穩定的看清楚物體，進而建立對各種形狀及空間的認識，這是日後學習讀、寫、算等能力的基礎。

3.對情緒及自信心的影響

有了好的本體覺功能來感知自己的肢體在空間中的動作，才能對控制自己的動作有信心，對所處的環境有信心，因此才能夠有平穩的情緒，也才敢於探索新的環境，學習新的事物。

（三）小結

由以上對於本體覺功能的介紹，可以了解本體覺不僅影響肌肉張力的變化、動作功能及肢體的認識，也影響了一個人的視知覺能力及情緒穩定的發展。提供孩童本體覺刺激的活動主要以需要出力的活動為主，全身性動作包括翻滾或爬上斜坡或障礙物、推重物或兩人互推一個大滾筒等；以上肢為主的活動則包括投擲有點重量的球，或是在手腕上綁上重量帶做體操。本體覺常與其他各種感覺系統相互配合，而使得一個人的身心得以健全地發展。因此，本體覺刺激的活動也常合併有前庭刺激及觸覺刺激，例如：玩滑板——除了有加減速度的前庭系統刺激外，也有操縱手腳所需的本體覺刺激；而在地板上連續的翻滾，則還有大量的觸覺刺激；另外，如攀爬繩索、手推車（用手行走）也都是提供多種感覺刺激的活動。

國外學者在這方面的研究，也常利用本體覺配合其他感覺刺激來進行實驗，例如：Culp、Packard 與 Humphry（1980）為研究學齡前兒童在肢體概念上的認識，用包含有前庭─運動覺（本體覺的一種）及觸覺的感覺動作訓練法來訓練十二個三至五歲學齡前兒童，刺激活動包括了地板上翻滾、平衡木、瑜珈等。再以隨機分組而得的另外十二個三至五歲學齡前兒童為對照組，所提供的活動則包括了肢體部位及手指的指認、歌唱動作遊戲等。經過一個月的訓練後，發現包含了較多本體覺、前庭、觸覺等刺激訓練法的實驗組，在肢體概念方面的進步較對照組多。而 Platzer（1976）利用類似的知覺─動作訓練法來研究，也發現有相似的結果。另外，在對視覺追尋、嬰兒情緒的撫慰或行為的調適方面，Gregg、Haffner 與 Korner（1976）、Korner 與 Thoman（1972），以及 Llorens、Rubin、Braun、Beck 與 Beall（1969），也都證明了本體覺配合其他感覺刺激在這些方面的影響。

三、觸覺系統

（一）組織

觸覺系統可說是發展最早、最基本、影響力最大的系統之一。在人類的胚胎發展過程中，最外面一層細胞發展為皮膚及神經系統，因此觸覺系統被認為是在神經組成中，扮演最基本與最原始的角色。

觸覺系統的發展對一個嬰幼兒的發育成長，甚至對於兒童，都有極重要的意義。嬰兒時期的動作初時都是由神經反射所控制，對於觸覺的反應則具有保護生命、生存的意義，例如：嘴旁受到刺激，則會轉頭尋找，以順利的找到乳頭吸吮；當臉部被手帕蓋到時，會用轉頭或手抓的方式，試圖去擺脫它，這些都是本能的反射動作。另外，當尿布濕了會感覺不舒服，接受預防注射時會感到疼痛，而當母親抱他、撫摸他時，

會覺得非常舒服，這些都與觸覺有關。然而，在這個時期的嬰兒雖然有感覺，並可對觸覺刺激做出自動的反應，但因為大腦還未分化完全，因此並不知道這些觸覺刺激的位置，也不能清楚辨別其性質。而隨著大腦的成熟與分化，觸覺刺激經驗的累積，孩童就逐漸能夠較精確地指出被碰觸的位置，也能對觸覺刺激主動做出有意義、有目的之反應，這對於孩童日後在學習功課、操作事物及情緒的穩定上，都有極重要的影響。

觸覺主要分為兩大類：第一類的觸覺稱為簡單觸覺（simple touch），包括輕觸（light touch）或對皮膚表面輕壓或觸摸，以及對觸覺之概略定位（gross localization）。此類的觸覺刺激，大部分傳至腦幹即停止。腦幹的功能主要是判斷這些刺激是否具有危險性，以便做出逃避的反應。少部分的刺激則再往上傳，經由視丘到大腦皮質，以能分辨刺激的位置（localization）及性質。這種單純且非特定性的刺激，包括由空氣及衣服的移動對皮膚所造成的感覺，占了所有觸覺刺激的大部分，除非我們特別去注意它，否則它是不斷地經由神經傳導進入到我們的神經中樞。這種觸覺刺激對於人類的發展有相當重要的意義，它必須要隨時不斷的進入人們的腦中，刺激網狀結構興奮組織，以保持大腦在一個清醒的狀態下，平穩的進行著維持人類生存的反應，不斷的去組織發展。倘若這種觸覺刺激被剝奪，則其大腦組織的功能發展就可能不完全，而容易產生諸多學習、情緒等障礙。

第二類的觸覺，是針對特定的觸覺刺激之感覺做更進一步的解釋，或者稱為辨別性的感覺（discriminative sensations）。因為這種辨別的能力需要大腦皮質感覺中樞的參與，故又稱「皮質感覺」（cortical sensations）。辨別性的感覺包括了：描繪觸感（graphesthesia）、兩點辨別（two-point discrimination）、定位感（topognosis）、認識物體形狀大小之形體感覺（stereognosis），以及重量感覺（barognosis）等，其神經纖維傳導路徑與本體覺相同，因此這種觸覺能力與本體覺有相當密切的關

係，常常不能將它們分開來討論。在感覺整合治療中也發現，提供其中一種刺激時，同樣也可以改善另一種系統的功能。

（二）功能及其與學習能力之關係

1.對身體知覺發展及計畫動作能力之影響

　　一個有計畫、有目的之動作，必須依賴完整且有順序的資訊，而這些訊息的獲得又必須依賴著精確的觸覺系統。在嬰兒時期，孩童感覺到被碰觸，且可對觸覺刺激自動做出反射性的反應，但他並不確知被刺激的部位。隨著大腦分化的成熟，漸漸可以辨別被碰觸的位置，而且開始會有自主性的反應，也逐漸能夠經由觸碰外界事物所得到的感覺回饋，而認識自己的肢體，包括肢體位置、動作及力量大小等，學習如何操縱物件，認識物件形狀，再發展出成熟的計畫動作能力，進而能夠發展出適當使用工具的能力。

　　大多數感覺整合功能失常的孩童，常有觸覺系統功能的問題，這種問題並不一定是對於觸覺刺激不敏感，有的孩童甚至對觸覺刺激有過分敏感的情形，而最常見的問題乃在於對觸覺刺激的辨識有困難。這是因為他的大腦整合功能不好，無法對觸覺刺激做出正確的解釋，因此不能夠正確地分辨出肢體被碰觸之位置或辨別刺激的性質與意義。換句話說，他對於自己所觸摸到的東西，或外界碰觸到他的東西之辨識能力發生了問題，因此肢體概念的發展也就不夠成熟，計畫動作的能力也自然受到影響。

　　舉一個簡單的例子，就拿寫字來說，需要有良好而確實的觸感，包括鉛筆在手中的位置，鉛筆的形狀、質感，手指對鉛筆的操縱及手臂的動作（本體覺），以及書寫出的字體之視覺回饋等訊息，傳入大腦中較高層次的腦皮質處，才能夠對這些訊息做出正確的解釋及調整動作。開始練習書寫時，可能需要視覺輔助手部的操作，但當熟練了書寫活動之

後，即可不用眼睛看也能夠有技巧的去控制手部的肌肉，使用鉛筆寫出字來。這需要觸覺刺激準確的傳入大腦，以及在大腦中做出迅速又正確的反應配合之下才得以完成。倘若一個人接收訊息及組織、整理訊息的功能有問題，則他在學習書寫上就會有很大的困難；同樣的，在畫圖、美勞方面也會表現得較笨拙。學習障礙的學童常有這方面的問題，倘若老師不了解問題的原因，而只是認為孩童不專心，就會罰他多寫字。但如果孩童基本的觸覺能力沒有改善，再多的練習對他而言，只會增加精神及體力的負擔，卻沒有辦法有效的改善書寫能力。

2.對視知覺的影響

在前面談到前庭系統對視知覺能力的重要性時，曾提及個體藉著地心引力的方向來建立個人的空間知覺。然而，當一個人要能更精確的在空間中活動時，還必須有本體覺及觸覺等系統方面的配合。經由這些系統所傳來的訊息，彼此相互影響及整合的結果，提供大腦一個做為視覺對環境理解的依據，例如：要認識「三角形」時，光用眼睛去了解並不能真正知道「三角形」的意義，倘若還加上用手去摸，辨別三角形積木的邊、角，甚至用筆試著將其鉤畫出來，在這種多重感覺的刺激之下，很快的就能了解三角形的意義。當然，除了認識幾何圖形外，對遠近、前後、左右等的認知能力，也要靠著多種感覺刺激整合的結果，才能完整的建立起來。一個觸覺系統功能混亂的孩童自然在辨識能力上會有缺陷，因此影響視知覺的發展，進而造成在學習認字、書寫、畫圖及操作事情方面有困難，而顯得笨拙。

3.對情緒及心理社會化發展的影響

觸覺刺激是新生兒情緒穩定最主要的來源之一。母親與嬰兒之間的接觸，除了可刺激大腦發展外，還成為嬰兒發展人際關係的第一步。

　　為了研究觸覺功能與情緒及社會功能間之關係，Harlow（1958）用猴子做了一個實驗，觀察他們對人造媽媽的依附情緒（emotional attach-ment）之發展，他所下的一個結論是：舒適的觸覺刺激是嬰兒對母親依附情緒產生的要件。因為這種感覺能夠帶給他們自信心去探索外界新的、不熟悉的環境，使他們能夠從懼怕中安定下來。一個正在學習走路的孩童，當他跌倒時非常需要父母的撫慰，即是一個例證。

　　由此可知，觸覺除了提供我們有關周圍環境安全或危險的訊息外，它對個體心理社會化的發展也是很重要的。藉著它帶給人安全感，能夠穩定情緒，也因為皮膚將個體與外界分開，能幫助個體認識到自己的存在，這種認知能力是發展良好人際關係的基礎。有了穩定的情緒及好的人際關係，才能進一步有信心的探索新的環境、學習新的事物。

4.觸覺防禦現象（tactile defensiveness）

　　在談及觸覺系統時，要特別提到「觸覺防禦現象」，因為一些學習障礙或輕微腦功能障礙的孩童常有此現象。有這種觸覺防禦現象的孩童，對於觸覺刺激非常的敏感，不喜歡被碰觸，替他洗頭、洗臉或剪頭髮可能有困難。對於其他的刺激，如視覺、聽覺或前庭刺激等，他也可能反應過度，因此表現出特別好動、容易分心或情緒不穩定，這些都可能會影響到身體知覺能力的發展。不過，並非所有好動及易分心的孩童都有這種觸覺系統方面的問題。

　　這種觸覺防禦現象是因為觸覺系統發展不成熟，對外界刺激的辨別力不足或混亂所致。除了對觸覺刺激過度敏感外，也可能對任何刺激都有過度反應的情形出現，甚至就連自己身上的衣服或別人不小心碰了他一下，都會使他感到不舒服，缺乏安全感，情緒自然也就不穩定。也因著這種對觸覺及其他感覺刺激過度敏感的現象，使他過於好動，上課時容易分心，自然在學習課業上無法集中精神了！

由以上對於觸覺系統的介紹，我們知道這個發展相當早的系統，在我們的生命及學習中扮演著極基本且重要的角色，它不僅影響到我們情緒的平穩，也配合著前庭系統及本體覺系統來控制著我們的動作及視覺知覺能力的發展。觸覺功能有缺陷，所造成的影響不僅是在情緒及心理社會化的發展上，也連帶的影響到人們控制自己肢體、學習操縱事物及認知能力的發展。

1970 年，Kannegieter 研究了五十八個三歲半至四歲的學齡兒童視知覺方面的能力。他將這五十八個兒童隨機分成實驗組與對照組，實驗組兒童進行知覺—動作的訓練，活動的內容強調在提供手部的觸覺刺激，對各種形狀、線、角的描繪及用手觸摸比較。而對照組兒童則進行玩拼圖及圖案配對的遊戲。經過三個月的訓練，二組在視知覺的後測上雖然並沒有顯著的差異，但卻發現實驗組在之後的測驗上，對形狀的描繪及認識較對照組來得好，且達統計上的意義。Kannegieter 認為知覺—動作的訓練若在充分的時間下訓練，確實可改善一個學齡前兒童對形狀的認識。而觸覺方面之刺激，如觸覺性的描繪圖形及用手觸摸，是視知覺整合的重要因素。另外，Adams（1965）發現提供孩童輕而快速之觸覺刺激，可以改善他們的運動覺能力；Casler（1965）也發現給予嬰兒輕觸壓之刺激，能幫助他們在發展量表之得分上，高於沒有接受刺激的嬰兒。

四、視覺

（一）組織

人們通常最不會忽略的感官是眼睛（視覺），所以一般所稱之知覺，常常都是指「視知覺」而言，有時或許也包括「聽知覺」。

物體反射出來的光線刺激到眼睛，經過角膜、水晶體的折射，而投

影於視網膜上，但這個影像卻是上下、左右相反的。此訊息經由視覺通路傳入大腦後，兩眼左半邊視野的刺激通到右大腦半球，而右邊視野的刺激則通到左大腦半球。要使得左、右兩半的視覺訊息合而為一，勢必須藉由兩大腦半球之間的密切溝通來完成。

（二）功能及其與學習能力之關係

由前面所述，前庭系統、本體覺及觸覺在視覺空間概念的形成及形狀的認識上扮演著重要角色，而視覺更是最基本的要件。若無法看見東西，則不可能產生視知覺。反之，若沒有健全的前庭系統功能、本體覺及觸覺幫助我們解釋所看到的一切，也可能只是視而不見，甚至產生錯誤的概念，不但無法經由視覺來學習，反而會擾亂學習。

五、聽覺

（一）組織

聽覺是發展語言能力的基礎，而閱讀則是語言功能的一種，所以聽覺系統是研究閱讀障礙者不可忽略的一環。

聽覺器官包括了外耳、中耳、內耳三部分，外耳之中的鼓膜接受氣體的振動，到中耳經過一組聽小骨（鎚骨、砧骨、鐙骨）的擴大作用，而傳到卵圓窗之後的外淋巴。內耳之耳蝸由骨質的螺旋板及基底膜（basilar membrane）分為前庭階與鼓階兩個腔，其中充滿著外淋巴，而在前庭階中又由前庭膜為上壁，隔成了耳蝸管，其中含有內淋巴及附著於基底膜上的柯替氏器（organ of corti）。柯替氏器包含有感覺上皮或稱毛細胞（hair cells），耳蝸神經（cochlear nerve）纖維即止於毛細胞上。

聽小骨傳到外淋巴的壓力波引起基底膜之振動，因此刺激到柯替氏器上的毛細胞，經由耳蝸神經傳入腦幹。在此聽覺刺激可分別向上傳往

同側及異側的大腦皮質，同時在腦幹與許多其他神經中樞接收到的非聽覺之訊息相聯繫，最後到達大腦皮質，才能完全達到解釋此聽覺刺激的工作，包括分析聲音的長短、頻率、音調高低、強度及節奏等。聲音的刺激並可間接傳到網狀組織（reticular formation），經由網狀興奮系統可影響到大腦的警醒狀態。

聽覺系統與前庭系統是由一相關的組織發展而來，耳蝸神經又與前庭神經並行，最後合併為第八對腦神經——耳蝸前庭神經（vestibulocochlear nerve）進入腦幹，所以此兩系統之間必有密切的關聯。由臨床觀察也清楚發現，前庭刺激對聽覺功能及語言功能有重大的影響。

（二）功能及其與學習能力之關係

聽覺是發展語言的基礎，而語言能力則為學習的重要途徑之一，不論是知識的吸收與傳達，語言溝通能力都扮演著非常重要的角色。人類若無聽覺的辨識能力，語言能力可能也就不會發展出來了。有語言問題的學童，常常在非語言的聲音處理上，例如：聲音的知覺和記憶也會有問題，這也可能是感覺整合功能失常所造成的。

因為聲音是動物藉以保護生命的主要來源，聲音的神經傳導過程是最原始的感覺整合之一。一個感覺整合功能良好的大腦，不相關聲音的刺激通常在到達意識層之前即已被過濾掉了。然而，在一些感覺整合不好的孩童，他們很容易被聲音驚嚇到，這就是維護生命的本能殘留的表徵。所以這也是間接影響到學童學習的因素之一。

這樣一種具有原始保護生命意義的感覺系統，必然需要在腦幹及其他大腦皮質下的組織，進行一些感覺整合的工作。依照 Ades（1959）所作的文獻回顧，在處理聲音的過程中，腦幹與視丘比大腦皮質負責更多、更重要的工作。對於有聽覺—語言問題的學童，感覺整合治療的重點即在促進腦幹的感覺整合功能之正常化，如此自然能改善孩童對聲音

的知覺及記憶能力，從而改善其閱讀的能力。

六、嗅覺

（一）組織

　　嗅腦（rhinencephalon）包括嗅覺神經、嗅球、嗅徑、嗅紋、副嗅區（下胖胝區）、前穿通質，以及前梨狀區域。其受器在鼻黏膜的嗅覺上皮，刺激由此經由篩骨的篩狀板傳到嗅球，再經由嗅徑、嗅紋，傳到下胖胝區及海馬迴鉤的前梨狀腦皮質（prepyriform cortex），此即為初級嗅覺皮質（primary olfactory cortex）；另一部分纖維傳到第 28 區（area 28），即副海馬迴（parahippocampal gyrus），這種為第二皮質區（secondary cortical area）。嗅覺系統是唯一不經由視丘，而直接將神經衝動傳入大腦皮質的感覺系統。

（二）功能及其與學習能力之關係

　　對於老皮層（old cortex）的進化，Herrick（1933）曾提出以下觀點：最早具有腦皮質的動物，其腦皮質是以嗅覺系統為主。爬蟲類是最早能夠匯集各種身體感覺的訊息，隨著嗅覺刺激進入老皮層的動物，而由老皮層發出的訊號主要是移動或簡單的粗動作。新皮層（neocortex）是由嗅覺皮質發展出來，這顯示嗅覺區在所有神經組織中，是最能夠聯繫、整合各種感覺訊息，並產生適當反應的部分。這種能力在新皮層更加擴大，一般人認為它是人類發展高級認知能力的基礎。在低等動物中，其原始的保護機轉與嗅覺系統有很大的關聯，而在人類的進化發展中，視覺及其他的身體感覺系統不斷增加，嗅覺系統則否，所以視覺的應用增加，逐漸取代了對嗅覺的依賴。

　　研究人類行為的臨床學者常忽略嗅覺對人類發展及行為的影響，但

流行雜誌上曾提到男性的邊緣系統（limbic system）對某些嗅覺刺激特別敏感；另外也發現，嬰兒的嗅覺對於產生適當的反應非常重要。Fox（1964）曾利用嗅覺幫助眼盲的孩童改善其手部的知覺，筆者也曾運用母親的香水氣味提高了一位一歲大有腦性麻痺嬰兒的頭部翻正能力。這些現象顯示，嗅覺可能透過影響網狀活化系統（reticular activating system），間接影響其他感覺系統的功能。

邊緣系統的海馬迴（hippocampus）與訊息的整理及儲存有關，若其功能不良，就可能產生學習和記憶上的問題，這是學習障礙學童常見的問題。邊緣系統又與人的情緒及動機有關。我們可經由適當的感覺刺激，例如：具有基本維生價值的嗅覺輸入，影響老皮層的功能，或促進較低階層如腦幹的感覺整合功能，以改善老皮層的功能，進而改善學童的記憶力及情緒。

第五章

感覺整合理論
在兒童教育上的應用

　　根據《幼兒教育及照顧法》（教育部，2018），幼兒教育的主要目標是促進幼兒的身心健全發展，包括滿足幼兒的生理、心理及社會需求，增進其身體動作、語文、認知、美感、情緒與人際互動等方面的發展。「現代教育之父」杜威（Dewey, 1938）主張，創造充分的條件讓學習者去「經驗」是教育的關鍵。教育者的責任就是提供學習者豐富的經驗，而經驗的品質對於學習成效非常重要。由前面幾章的說明，我們了解到什麼是感覺整合、感覺整合的基本要素、感覺整合與兒童發展的關係，以及各種感覺系統的功能及其與學習能力之關係。要了解兒童學習的經驗，就不能不懂感覺整合與兒童發展或學習的關係，這對家長或老師都十分重要。

　　筆者於大學時代借住親戚家中時，無意間發現一歲多的外甥對於不小心弄倒桌上的檯燈覺得有趣，於是筆者重複弄倒了好幾次，小外甥愈笑愈大聲，把他的母親引了過來。母親看了之後，只說了句「傻瓜！」就走開了。身為父母如果不能從孩童的角度來體會他們的經驗，當然就無法提供最適合孩童發展的環境或經驗。坊間關於兒童發展的書籍相當

多，初為父母者不妨找來讀一讀。然而即使不十分清楚兒童發展，只要把握住下列各項原則，也可以扮演一個好的學習促進者。

一、尊重孩童的感覺與需要

一個健全的大腦具有感覺整合的能力，它會促使孩童去找尋需要的刺激，將它的潛在功能發揮出來。因此，父母或老師首先需要學習了解孩童，了解他的行為及反應。是什麼因素使得他高興、使得他焦慮，又是什麼事物吸引了他的注意力，使得他一再嘗試。就拿前述一歲幼兒的行為反應為例，為什麼檯燈倒下他那麼高興？其實除了看到檯燈倒下的視覺變化以外，筆者當下發出的一聲「喔哦！」可能才是吸引他注意的關鍵。這個時期的孩童對聲音非常敏感，稍微再大一點的孩童可能還會模仿發出這個聲音，因此當我們希望引起孩童注意某個事物時，可以配上一個有趣的聲音來吸引他。

在本書第二章中，有提到適當的感覺刺激經驗對大腦感覺整合發展的重要性。不同的感覺刺激有不同的功能及效果，刺激的方式或強弱不同，也可能產生不同的效果。此外，每個孩童能夠承受的感覺刺激強度與刺激量也不相同，因此在尊重孩童的感受前提下，細心觀察孩童的反應是確保刺激是否適當的不二法門。除了大人給予孩童的動作或刺激以外，孩童有許多內在驅力使然的自發性動作，例如：嬰兒會揮手、踢腳，但由於他的動作控制還不好，因此常會刮傷自己的臉頰，於是大人就可能替嬰兒戴上手套來保護他。然而，從感覺整合的觀點來看，可以知道嬰兒自發性的揮手、踢腳其實是在認識及學習控制、使用他的手腳，因此需要尊重嬰兒的內在需要，不要採用阻礙嬰兒發展與學習的方式來保護他。

只要用心觀察，不難發現孩童的一舉一動、一顰一笑、一哭一鬧都

是有原因的，而不是一般人以為的胡鬧或不懂事而已。多觀察孩童，才會留意到他的感覺及情緒的變化，也才會了解他的需要或動機。做父母或老師的如果能夠像對待朋友一樣去尊重孩童的需要及感受，就能夠給孩童一個最自然的發展機會。

二、神經系統狀態的平衡

當人在嗜睡或疲倦的時候，訊息接收及組織能力會下降，反應速度也會比較慢且容易出錯；相對的，當人在過度興奮或情緒激動的時候，對於訊息的接收、組織及反應能力也同樣會下降，容易做出衝動或有欠考慮的反應。因此，這兩種情況都不是最適合學習的時候，唯有當我們的中樞神經系統處在一個平衡的狀態時，才是最適合學習或反應的時候。父母或老師要隨時留意孩童的警醒狀態，當孩童反應變慢或缺乏組織時，是否他正處在嗜睡或紊亂的狀態，若觀察到可能的徵兆，就可以先設法平衡孩童的中樞神經系統。當孩童的中樞神經系統處在一個平衡的狀態時，學習的效果才會最好。

Shenfield、Trehub 與 Nakata（2003）發現，母親的哼唱有穩定六個月大嬰兒神經系統的作用。當母親用好玩的方式哼唱，可以促進嬰兒的警醒程度，維持嬰兒的注意力和興趣；而當母親用安撫的方式哼唱時，則可以降低嬰兒的警醒程度，幫助他入睡。除了聽覺刺激以外，觸覺、本體覺及前庭刺激對於調節中樞神經系統的效果更大，例如：當孩童打瞌睡或精神不佳時，像搔癢的輕觸或是不規律的搖動都可提高他的警醒程度。而當孩童過度興奮、失控或情緒激動時，小一點的孩童可以緊緊的抱著他並且規律輕緩地搖動，大一點的孩童則可以讓他做一項需要出力的活動，例如：搬抬重物、做仰臥起坐或伏地挺身等，都會有幫助。此外，單純的減少刺激也是一個辦法，例如：讓孩童平躺下來，關上電

燈或拉上窗簾，做幾次深呼吸，也是幫助孩童穩定下來的有效作法。

其實最重要的是，要避免讓孩童過度興奮以致紊亂、失控，高興時的興奮，與紊亂、失控是不同的。在活動中，如果孩童的行為變得不適當（如不注意安全）或失控（如造成破壞）時，很可能是刺激量超過了孩童的負荷（Ayres, 1972），此時就應立即停止繼續刺激性活動，並幫助孩童穩定下來，以免發生負面的情事。綜合而言，父母或老師如果能夠掌握神經系統狀態平衡的原則，在孩童最有利學習或反應的情況之下來進行教學活動，那麼教學將會是一件愉快的事，教學效果也最好。

三、適當的學習環境

在本書第二章中曾提到，有利發展的環境是一個安全、多樣化、有自然的需求，並且容許孩童自由探索及犯錯的環境，例如：當孩童肚子餓時可鼓勵他自己設法去取得食物，並且可以製造一些障礙，促使孩童必須設法去解決。但大人這樣做時，務必考慮到安全性，例如：如果把食物放在高處，如何確保孩童嘗試去拿取時不會有危險。筆者曾經接到一位六歲的孩童案例，媽媽主訴他非常被動、依賴，連要拿高處的東西都需要弟弟幫他拿。經詢問他的成長經驗後發現，他小時候是由阿嬤帶的，直到五歲上幼兒園時才回到父母家。阿嬤帶他的方式是無微不至的照顧與保護，像爬高這類危險的事一概不讓他做。他的個性溫馴，也就接收了這樣的觀念。某次在治療室中，筆者告訴小朋友們現在是自由活動時間，自己去找喜歡的東西玩。其他兩個孩童都立即去找了東西來玩，他則站在原處不知要做什麼。這個孩童沒有特別的診斷，從小缺乏自由探索的機會，也不需靠自己努力來滿足需求；雖然是阿嬤眼中的乖孩子，但是他的身心功能發展卻因此受到了極大的影響。

目前有許多學校都設有知覺動作或感覺整合教室，在那兒可以看到

許多類似感覺整合治療所使用的設備或器材，如滑板、斜坡、球池及懸吊器材等，如果有適當的設計或引導，可以提供孩童一些平常不易獲得的感覺動作經驗。但是，是否一定要使用這些器材，孩童才會發展得比較好呢？想想看，在還沒有感覺整合理論的時代，是否孩童就發展得比較不好呢？答案當然是否定的。但現在的孩童是否能擁有一個像早年人們一樣的童年？這倒是值得我們思考的。在居住環境方面，由於都市化的發展，使得房地產價格起飛，寸土寸金，所以在城市一般家庭裡的活動空間都很狹小；又因為現在的治安較以前惡化，交通繁忙，家長基於安全的考量一般都不敢讓孩童自己出門去玩，就連上學、放學也大多是由大人接送，因此少了許多學習及探索的機會。此外，絕大部分的家庭都有電視，看電視常常是一家人從老到小的主要休閒活動，再加上 3C 產品的流行，家長們自己可能只要有時間就會使用 3C 產品，因此即使知道兒童持續使用 3C 產品，若超過合理時間即有害身心健康，也不會嚴格制止兒童持續使用 3C 產品（李玉惠，2016）。這種情況更壓縮了孩童玩耍的多樣性，尤其是對早期發展很重要的全身性大動作活動和團體遊戲，其時間都大大減少了，這是一個值得家長們認真看待的問題。

在家長期望方面，現在和以前一樣，都是望子成龍、望女成鳳。但是隨著社會環境的改變，許多關心兒童發展的家長可能會安排孩童在課後去上各式各樣的才藝課程，希望讓孩童多接觸一些技能或活動，立意頗佳。但是，建議家長需要了解該課程的教法是否尊重孩童的個別差異及感受，家長本身的態度也需要留意，最好能夠以促進身心全面健康的前提之下來進行這些活動。如果因為繳了高額的學費就強逼著孩童練習，往往容易打壞了孩童原本的學習興致，也不利心理發展與學習動機的培養。

綜合而言，對於學齡前的孩童，建議鼓勵他多做各種大動作的活動，如跑、跳、鑽、爬、溜、盪，或團體遊戲，如跳房子、球類活動、

過五關、跳橡皮筋、跳馬背、扮家家酒、輪流說故事之類的活動，讓其得以在自然的環境中充分發展各種基本學習能力。即使學習技藝，也要以孩童學得高興、有成就感為原則，這樣就可以避免揠苗助長的顧慮了。

四、明確的目標與最適挑戰

第二章曾提到環境的需求是促使孩童發展的重要因素之一，所謂環境的需求就是一個明確的目標，而且要是對孩童具有意義或重要性的目標，就能夠誘使孩童發揮出其所有的潛力去設法達成，因此就有機會更為提高孩童的能力。此外，明確的目標能夠促使孩童針對目標做出最協調的反應，有助於其感覺整合功能的發展，例如：和孩童練習傳球時，如果孩童丟得太近，你可能會叫他用力一點，那麼下一次他很可能會丟得太高、太用力；如果你再跟他說丟低一點，那麼下一次他很可能會丟得太低。為何會這樣呢？因為他照著你的建議去做，就忽略了目標，所以做出的反應就不會是最適當的。要讓孩童有好的表現通常只需要強調目標，例如：提醒他要丟給你，要讓你接得到，孩童自然會整合所有的訊息再做出最適當的反應，通常只要多練習幾次他就可以抓到要領了。在這個過程裡，孩童的大腦有機會整合其過去的經驗與眼前的刺激，並針對目標做反應，再根據反應的結果修正其行為，直至達成目標為止，孩童的能力就跟著提升了。

此外，任務或目標的挑戰要適當。挑戰若太大，會讓孩童覺得他不可能達成，於是可能就不想做，既使勉為其難地去做，通常很可能也是做不成。目標如果沒有挑戰，則也無法引起孩童的動機，同時也無法提高孩童的能力。那麼，什麼樣的挑戰是最適挑戰呢？發展心理學家維高斯基（Vygotsky, 1978）曾提出一個「近側發展區」的概念，也就是孩童

在有適當的引導或支持之下，可能發展或提升的部分。換言之，一個最適挑戰的任務或目標是對孩童具有挑戰性，但這個挑戰是在有適當的引導或支持之下，孩童可以勝任的。雖然孩童是在協助之下成功達成目標，但是適當的引導或支持，並不會讓孩童感覺是他人協助完成的，而是經由自己努力而成功的。至於如何提供適當的引導或支持，可參考〈促進教學的參考架構：促進學習的四象限模式〉一文（羅鈞令、許婷惠譯，2011）。

五、自由探索及表現的機會

理論上，若有適當的空間環境，孩童受內在驅力的影響，自然會去探索、嘗試各種可能性。然而，有時因為大人的作法不當，而使得孩童無法有自然的表現。曾經有一個小學二年級的孩童，媽媽接受職能治療師的建議帶他到感覺整合教室，讓他隨意去玩時，他什麼也不想玩，也不知道如何玩。進一步探詢之後得知，媽媽過去總是教他怎麼玩，而且規定每一種動作或玩法要做到一定的次數，例如：媽媽會要求他衝滑板連續做一百次；趴在滑板上對著牆壁推球推兩百下等。如此一來，把有趣的遊戲變成了功課，毫無樂趣可言，也剝奪了孩童認識自己身體以及與環境互動的機會。

每個孩童都有與生俱來的內在驅動力，驅使他去尋求刺激，驅使他去使用自己的肢體，去探索環境，駕馭、操縱環境（包括人與物的環境）。如果大人們總是有預設的標準答案，常常糾正孩童的動作或表現，很快的，孩童的動機及主動性就不見了。他會變得愈來愈沒有自信，他相信大人才是有能力的，才知道應該如何做；而自己是沒有能力的，必須倚賴大人教才可能會做，所以連本能的好奇心也不見了。等到孩童愈來愈被動，連對玩也沒有什麼興趣時，大人才開始覺得奇怪。

此外，父母或老師給孩童的回饋也很重要。首先，大人要強調嘗試而非操作品質，只要孩童願意且有勇氣不斷的嘗試，其表現一定會愈來愈好。相反的，若是一開始就強調品質、做得好不好，孩童很可能就會怯步，凡是他沒有把握可以做得對、做得好的事情，他就有可能逃避不做，這樣一來就更沒有機會學習了。其次是預先做好預防措施，而不需要因為擔心孩童受傷或是干擾到他人而限制其行動，例如：若要玩球就帶孩童到戶外空曠的地方去玩，不要在屋裡玩，這樣就不必擔心擲球的力道太大而打壞家中物品或吵到鄰居；學溜直排輪就先穿好防護裝備，然後放心、大膽地去溜。

綜合而言，父母或老師只需要耐心的觀察、鼓勵或陪伴，肯定孩童的努力及嘗試，使得孩童不會因為困難而放棄，因挫折、失敗而沮喪，建立孩童的勇氣與毅力，使孩童有不屈不撓、百戰百勝的決心，那麼學習對孩童而言將會是有趣的挑戰。

六、適當的回饋

行動本身的回饋刺激可幫助孩童修正下一次的行為反應。此外，重要他人如家長、老師或同儕的反應也會影響孩童的後續行為。前面曾提到，強調目標比指導動作更能夠幫助孩童做出協調、有效的反應，重視嘗試或努力比強調成果更能激勵孩童不怕困難、不怕失敗。那麼，什麼樣的回饋方式才是比較好的呢？舉例來說，當孩童投籃未中時，給予的回饋可以是「沒中！加油！」或「不要緊！再加油」或是「差一點就進了！加油！」。這三種回饋方式可能有不同的效果，第一種回饋指出結果是失敗，希望他加油；第二種回饋試圖安慰孩童，表示孩童沒做好；第三種回饋則是讓孩童看到其努力的結果，雖未投中，但只差一點，可以繼續努力。所以第三種回饋方式最能夠鼓勵孩童再接再厲，努力不懈。

了解感覺整合的過程及基本原理，可以幫助家長或老師了解孩童的反應，對孩童的反應能夠以同理心來看待或接納。如此，雙方能夠以平等、互相尊重的方式來溝通或互動，將有助於家長及老師平日與孩童進行的教學活動，也才能充分啟發孩童的潛能。

七、重複嘗試及試誤的機會

人們所有的行為都是整合了生理、心理及社會等基本功能的結果。同樣的情況每一次的反應並不一定相同，愈初期或經驗尚少時，每次的反應愈不可預期。所以有時家長們會覺得奇怪，為什麼同樣的題目上一次孩童做對了，這一次卻又不會了；這表示孩童上一次雖然做對了，但並不是真正完全了解每個因素，只不過是碰巧做對了。而實際生活中的事物很少是一成不變的，所以孩童必須經由不斷的嘗試及累積許多錯誤的經驗，才得以掌握住各種情況之差異，以及如何整合自己生理、心理及社會各方面的功能，並能夠預期每一種反應方式可能產生的結果。這樣一來，孩童的計畫動作能力才會愈來愈好，也愈來愈能夠掌握自己的行為，並適應不同環境的需求。當孩童能夠感覺到自己的能力，自信亦隨之產生。

因此，在孩童的學習過程中，比大人需要更多重複練習的機會，以建立其基本概念及反應能力。即使是聽故事，孩童常常喜歡重複聽同樣一個故事，從大人的角度來看，會覺得已經聽過了為什麼還要聽，是浪費時間。其實，孩童一再地要求聽同一個故事，很可能是那裡面仍有一些想像的空間供他遨遊，或有一些尚未充分理解的部分。我們應該相信孩童有取捨的本能，若是已經非常熟悉的事物，通常就不可能引起孩童的興趣。又如：投球，孩童也許神來一筆就投進了，但之後卻又怎麼都投不進。這時，若是周圍的人也奇怪為什麼又投不進了，或開始替他著

急、擔心，或要教他如何對準等，會使得孩童懷疑自己的能力，甚至放棄這項活動。其實，孩童需要一段時間的練習，不只是練習投進，也需要經驗各種不同的姿勢或動作，去體會其效果，逐漸的建立起一個身體概念，了解自己的身體功能及其與環境的關係，並能夠掌握細微的調節。這樣之後，孩童就能夠根據目標的遠近、高低，自動調整自己的身體反應。所以，父母或老師要能夠了解影響孩童學習動機的因素，才能夠真正給予每一個孩童最適合的學習環境。

第六章

感覺整合功能異常

　　第二章提到感覺整合發展的要素，首要條件就是一個健全的中樞神經系統（大腦），因此只要是腦部有損傷，像是有腦傷或腦性麻痺的孩童，其感覺整合功能勢必受影響。此外，有感官障礙如視障或聽障的孩童，其感覺整合發展會與一般孩童不同；其他一些身心障礙如自閉症的孩童，也常合併有感覺整合功能的問題。然而，感覺整合功能異常通常是指，具有健全的大腦和肌肉及神經組織，也沒有任何特殊診斷，但是其大腦卻無法有效的接收並組織、運用感覺刺激，無法照著一般發展曲線發展與表現。感覺整合功能異常的孩童在早期有許多常見的徵候，如在嬰孩時期，可能比同年齡的孩童較慢學會翻身、爬、坐或站；大一點的孩童可能不會自己扣鈕扣、繫鞋帶、騎三輪車；一般的動作可能顯得比較笨拙，容易跌倒、絆跤或打翻東西；反應慢，對事物的理解力較差；說話的能力發展得較慢；簡單的美勞活動，如填色、拼圖、剪貼等可能作起來會較吃力或表現出沒什麼興趣。有的孩童不能忍受突如其來的碰觸，因而與人離得遠遠的，或很容易與人發生衝突；甚至光線或吵雜的聲音，也會使他不安或分心，所以常顯得特別的好動；也有的孩童無法與人保持適當距離，甚至容易往他人身上靠；無法一心二用，當他專心在做一件事時，可能聽不到別人跟他講話等。

　　有的孩童在入學以前各方面的發展似乎都很正常，至少未發現嚴重的問題。但上學以後，卻發現許多問題，如在課業上需要學習的閱讀、書寫、計算，在生活上需要做到的排隊、過馬路，在體育課上需要參與的各種體能活動等，都可能遇到困難，因為每一樣都需要具有良好的基本學習能力才學得來。同時，家長或老師對一個學齡孩童的要求會比對學齡前孩童的要求來得高，而且會拿他的表現和同儕相比，這會使得孩童的狀況更加突顯，讓孩童也感受到很大的壓力。然而，這些問題並非只憑孩童努力學習就可以改善，若沒有及早被發現並提供其適當的支持與訓練，會讓孩童感到無助與焦慮。長期挫折經驗的累積，加上他人的負面評價，可能逐漸讓孩童相信自己和別人不同，缺乏自信，進而對學習失去興趣與信心。

　　家長或老師如果發現孩童有前述的現象，最好能夠細心的觀察，排除各種可能的干擾因素。如果確認孩童已經盡力了卻仍然做不好，就有可能是有感覺整合功能障礙的問題。此時，家長或老師除了要同理孩童的困難並給予支持外，鼓勵他多嘗試、練習，將挑戰降低一些，讓孩童經過一番努力之後可以成功，這樣就可以幫助提升他的感覺整合功能，成功的經驗也將幫助他逐漸建立起自信心，問題較輕的孩童或許可以慢慢跟上同年齡的孩童。不過，最好還是在問題發現之初，立刻帶孩童去給在這方面學有專長、有經驗的醫師，以及職能治療師們診斷並做詳細的檢查，以確定其問題。如有需要，可盡早接受適當的治療或訓練。愈早治療，大腦的可塑性愈大，效果也愈好，同時也可避免許多次發的問題產生，如自卑心理、反社會行為、人際關係不良或自暴自棄等。

　　以下分述幾種常見的感覺整合功能障礙孩童之表現，孩童可能會有其中一種或一種以上的綜合表現。

一、與前庭系統相關之障礙

　　由本書第四章可知，前庭系統功能與身體動作及知覺、計畫動作能力、眼球動作、視知覺及空間概念、聽覺及語言、情緒及行為的發展都有相關。而這些能力的發展、彼此之間的關係，則可由第三章最後所附的個體發展過程圖來理解。在第一個階段，前庭與本體系統最主要的功能是發展姿勢機制（postural mechanism），它包括抗地心引力、平衡、維持姿勢及調整姿勢等能力。前庭系統功能不良孩童的肌肉張力可能較低，他的抬頭、翻身、坐起等動作發展里程碑可能都比一般孩童出現得較慢。肌肉的拮抗收縮的能力不好，抱在懷中時他不會自己調整姿勢，快要跌倒時比較沒有平衡或伸手支撐的反應，或是反應較慢、效能不佳，以致容易跌倒。好的姿勢機制就好像是挖土機穩固的基座，可以讓肢體自由的使用，進而發展精確的動作控制；若姿勢機制不良，肢體的使用就覺困難，動作品質自然受影響。此外，也會影響身體圖像（body scheme）的建立以及空間概念，在空間中無法維持良好的姿勢或位置，可能與人靠得太近，甚至不自覺地往他人身上靠。

　　大腦愈分化，學習能力就愈強。通常慣用右手的人，其左邊大腦半球負責精細動作和語言，右邊大腦半球則負責視覺空間概念。這種高度的分化，必須依賴兩大腦半球之間完美的整合作用，尤其是腦幹部位的整合。大腦在腦幹部位的整合功能與原始反射反應及維持姿勢的動作機轉有關，如果各種動作反應沒有發展好，就會影響到兩大腦半球之間的整合，進而影響到大腦皮質的分化。最明顯的現象就是身體兩側的協調不好，維持平衡及保護自己避免跌倒的能力差。有的孩童會有聽覺—語言的問題，左右分辨困難，沒有明顯的慣用手，或視覺空間及形狀的概念不好等。

　　前庭系統功能不佳的孩童，有些是對於前庭刺激反應過於遲鈍，無法有效的運用前庭刺激來發展大腦功能。另有一些孩童則是對於前庭刺激過於敏感，例如：對於姿勢的改變、高處或是高度落差特別懼怕，又稱作是有重力不安全感（gravitational insecurity）；也有的孩童是對於動（movement）的刺激特別敏感，因此凡是會動的器材他都不願意去嘗試，這會使得他接受前庭刺激的機會更加減少，更不利於其前庭系統功能的發展。

二、發展性運用不能

　　從第三章最後所附的個體發展過程圖來看，肢體運用及／或動作計畫都與姿勢機制相關，還要有好的身體圖像。身體圖像就像是在腦中的一個身體地圖，包括身體所有部位的形狀與大小、彼此間的相關位置或關係、每個部位的功能等，例如：隨時不需要看就可以知道自己當下的姿勢或手腳的位置，肢體動作方向及力道的掌握等，這樣當突然看到一個球向自己飛過來時，就可以立即做出反應，接住它或是閃避它。若孩童的身體圖像未發展好，當他要做任何一個非預期或是不熟悉的動作時，可能都需要花時間去確認肢體的位置與動作方向、幅度及力道的大小等，因此不只反應較慢，動作也會顯得較笨拙，這個現象就稱為發展性運用不能（developmental dyspraxia）。有發展性運用不能的孩童在做一個不熟悉的動作或需要技巧的活動時會特別顯得笨拙，或不知如何去做，因此不論是生活自理

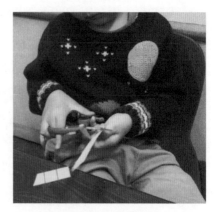

小捷不知如何使用剪刀將紙條剪成一段一段。

如學習穿衣、扣鈕扣、繫鞋帶，或是畫圖、剪貼、組合玩具、疊積木或寫字等活動的學習都比較慢。有時他們能夠透過不斷的練習把步驟記起來，熟練之後他的速度與品質就可以達到一般的水準。但是，只要情境有一點改變，他就又需要重新學習。這種經由認知學習而來的技巧稱為輔助技巧（splinter skill），是透過智能代償學習的，他的動作計畫能力並沒有提升，因此只要任何情境因素改變了，就又需要重新學習。也因為如此，有發展性運用不能的孩童比較不能夠累積經驗，每一樣新活動都需要從頭學起，可想而知其遭遇的困難有多大。他們也常常無法想出不同的作法或玩法。

筆者曾經在某國小遇到一位國小三年級的女孩，特教老師反應她握筆及書寫有困難，希望職能治療師協助訓練這方面。經詢問老師是否還觀察到其他現象或困難，老師表示這個學童很奇怪，訓練她由側邊擦板投籃，經過非常多次的練習，她終於學會了，但是換到另一側她又不會了。於是筆者請這位學童躺在地墊上做側滾翻，結果發現她無法一次就躺在適當的位置，也不知如何側滾翻。這位學童顯然有嚴重的發展性運用不能，所以幾乎每件事都需要費力的學習。因為經過重複的練習，他們可以習得輔助技巧，使得家長或老師常會以為只要他們願意認真學習就可以做到，因此會以一般孩童的標準期待他們，以致對他們造成極大的壓力與挫敗感。因為事倍功半，再加上大人的不諒解，這樣的孩童逐漸就選擇放棄努力，並可能採取一些負面情緒、抗拒或操弄的策略來維護其自尊。

有發展性運用不能的孩童之口腔動作也可能不靈活，以致影響咀嚼、構音及語言的發展。他可能未將食物嚼碎就直接吞下或是不愛吃纖維較硬的食物，發音不正確。正確的發音需要舌頭、嘴唇和口腔有很精準的配合，這需要有很好的計畫動作能力才能夠做到，所以如果發現孩童有構音問題，可以檢查一下他的計畫動作能力如何。

對於有發展性運用不能的孩童，家長或老師首先需要了解孩童的困難，並以適合他們的步調來協助他們學習，包括將活動分成幾個小步驟、提供口頭提示、示範或／及肢體協助，以及確認其做得是對的，以提高其信心等。如果孩童的身體圖像未發展好，則需要提供其大量全身性活動的機會，以改善其身體圖像。如果有口腔部位的運用不能（oral dyspraxia），則可以鼓勵他多做一些口腔部位的練習，如用舌頭舔塗在嘴唇周圍的果醬、吹泡泡、用吸管吸紙片、學各種動物的叫聲等，有助於其發展計畫動作能力。

三、觸覺防禦現象

觸覺防禦現象是指，對一般人可以接受的觸覺刺激表現出過度的反應，這表示中樞神經系統無法有效發揮抑制功能，以維持平衡。有觸覺防禦現象的孩童可能對其他如前庭覺、嗅覺、味覺、視覺、聽覺刺激也會過度敏感。觸覺、嗅覺和聽覺有基本保護的功能，能幫助動物感知環境中的危險。當我們處在一個危險的情況時，例如：恐怖箱測試時，只要碰觸到任何東西都會驚嚇得立刻把手縮回來，這就是一種保護或防禦的反應。但是在安全的環境中，一般人們通常會區辨碰觸到的物件特質並據以推測那可能是什麼，再做出適當的反應。而有觸覺防禦現象的孩童對於觸覺刺激的反應以防禦性的為主，尤其對於非預期的碰觸特別感到威脅，因此對環境中的風吹草動較為敏感，表現得較為過動或不專心。有時別人不經意的碰了他一下，他卻可能覺得別人打他而打回去，這種情形在排隊等待時最容易發生。孩童也可能會刻意與人保持距離，以免被別人不經意地碰到。另一方面，有觸覺防禦現象的孩童需要觸覺刺激來幫助他的大腦調節及發展，所以他們也可能會主動尋求刺激，例如：他可能有一條不離手的毛巾或一個布偶，或喜歡摸別人。由於其無

法忍受他人非預期的碰觸或觸摸，因此可能導致其本身情緒較易波動，加上其尋求觸覺刺激的行為，都可能影響其人際關係的發展。

　　有觸覺防禦現象的孩童通常對許多涉及觸覺刺激的事情都會難以忍受，包括打赤腳或赤腳走在草地或沙地上，穿毛衣、毛襪或高領衫，別人幫忙洗臉、剪指甲、梳頭、洗頭或剪頭髮，不喜歡手指畫或把手弄髒（如抹膠水），對粗糙的床單會感覺不舒服，別人碰到他後會去抓或擦被碰觸的部位，喜歡碰別人但不喜歡被別人碰，不喜歡被人摸臉或摸頭、親吻或擁抱（父母或許可以），不喜歡出其不意的碰觸或是看不到碰觸他的人，不喜歡別人靠他太近或是從後方接近他，不喜歡排在隊伍中，不易專心，以及不易交朋友等現象（Royeen, 1986）。如果孩童只有其中一、二項，未必是有觸覺防禦，需要先考慮其他可能的原因。如果真的懷疑孩童有觸覺防禦現象，建議請熟悉感覺整合治療的專業人員幫忙評估。

四、視覺形狀與空間概念不良

　　形狀與空間的視知覺能力發展是建立在良好的身體與空間概念之上。幼兒從只能躺著到之後會滾、會爬，再到會走、會攀高，他的視野不斷擴大。而在他移動的過程中，所接收到的前庭覺、本體覺、觸覺和視覺刺激整合的結果，能幫助他建立起關於自己身體的概念以及外在環境的空間概念，包括距離、方位及身體和物理環境之間的關係等，好比是一個內在的動態地圖。這個地圖幫助孩童能夠自由自在地在空間中移動而不致撞到東西，上下階梯時可以準確的拿捏腳步大小而不致踏空。當孩童在操作物件時，除了維持身體姿勢、穩定頭部及眼睛以外（這部分逐漸自動化），更進一步發展視知覺。好的視知覺幫助人們可以透過視覺來理解物件或情況，例如：當要舉起一組二十公斤的槓鈴時，會知

道大約要出多大的力氣，以及採取什麼樣的姿勢來舉起它。假如有人惡作劇用保麗龍做成一組看起來像二十公斤的槓鈴，當我們試圖舉起它時，會一下子抬得過高，便會立刻發現自己估計錯誤。同樣的，當我們在組合物件或模型時，也能夠根據視知覺來判斷要如何使用手指，以及用多大的力道來組裝。如果視覺形狀與空間概念不良，就可能不易順利完成，甚至可能容易因為操作不當或用力過大而把零件弄壞。

視覺形狀與空間概念的發展，除了需要有好的身體與空間概念做基礎之外，還需要大量實際操作的經驗來幫助發展。若孩童的視覺形狀與空間概念未發展好，他在許多方面都可能有困難，包括：在抽屜或書包中找東西、整理自己的書桌、知道自己的置物櫃在教室的哪裡、流暢的閱讀、玩拼圖或進行著色、仿畫或書寫等紙筆活動。如果檢查發現孩童的基本身體與空間概念不好，可以讓他多做一些包含前庭覺、本體覺及觸覺刺激的活動，同時需要有一個明確的目標，例如：在地墊上翻滾或爬行到一個指定的地點、一面盪鞦韆一面撿拾散置在四周的物件或是接住別人丟給他的沙包等。隨著孩童能力的進展，逐漸調整活動的難度。

第七章

感覺整合功能異常孩童的評估與治療

在第六章曾提到，感覺整合功能異常通常是指具有健全的大腦和神經肌肉組織，沒有任何特殊的診斷，但是卻有感覺整合功能異常的現象。換言之，被稱為感覺整合功能異常的孩童是指，沒有任何確定的器官或神經系統異常，但是卻發現有一些軟性症狀（soft sign），諸如輪替運動錯亂（dysdiadochokinesia）、協調或平衡功能不佳，或有明顯的連帶反應（associated reaction）等。這些症狀無法歸因於特定的腦區或神經異常，可能是在兒童期神經發展的過程中產生。因此，要確認孩童是否屬於感覺整合功能異常，首先須排除各種異常的診斷，如自閉症、腦性麻痺、智能障礙等。

此外，由於感覺整合功能異常的表現並不明顯，家長或老師可能只注意到孩童的執行品質不佳或速度較慢；甚至發現若給予孩童壓力，其表現就可能會有一些改善，就更加確信是因孩童沒有認真去做的關係所造成。孩童長期處在壓力之下，時間久了自然會倦怠，再因挫折經驗的累積而可能逐漸出現心理、行為或情緒問題，進而放棄努力，這樣就會使其問題變得更加複雜。另一種情況是孩童因心理、情緒或環境因素而

導致不喜歡閱讀或書寫，以致在閱讀或書寫方面出現問題，家長或老師卻以為孩童可能有身體功能或感覺整合的問題。不論哪一種情況，都需要透過感覺整合治療專長的職能治療師仔細評估，將問題完整分析之後，才能夠知道要採取什麼樣的介入步驟或方法最為有效。

一、職能治療評估

在進行評估之前，職能治療師會先蒐集孩童的相關資料，包括曾經因此問題就診的資料或病歷紀錄、療育紀錄，以及學校相關的評估資料，如智力測驗或教師評估等，據此初步了解孩童的問題以及推測可能的原因，再計畫如何進行評估以及評估的內容及方向。評估的方式包括面談、臨床觀察和使用標準化評估工具進行評估。

（一）面談

面談的對象包括家長或主要照顧者、孩童及學校老師。和家長／主要照顧者及學校老師面談的主要目的，在於了解孩童在家裡及學校的表現，以及家長／主要照顧者和學校老師關切的問題，例如：詢問家長／主要照顧者在照顧孩童時有什麼困難，或是老師在教孩童時有什麼困難，或是他們觀察到孩童有什麼困難。和孩童本身交談時，則詢問他是否希望有哪些方面可以更進步，或是覺得哪些方面較困難或需要協助，目的是要了解孩童在實際活動中的參與情形或困難。治療師在綜合家長／主要照顧者、學校老師和孩童本身主訴的問題之後，再由上（活動表現）而下（表現要素），採取人—活動—環境三者互動的模式，根據理論及實務經驗推想造成孩童職能表現問題的可能原因：孩童的能力如何，能否勝任活動？環境中有何促進或阻礙的因素？以及參與的活動是否適合孩童的能力或興趣？

　　之後，再透過訪談蒐集相關線索或資料，以確認問題可能的原因。訪談的內容可能包括詢問孩童的出生史、發展史、醫療史、入學經驗及家中環境等，例如：孩童是足月生嗎？一切狀況都很好嗎？有無住院過？若有，是什麼原因？孩童小時候由誰主要照顧？好帶嗎？請其描述大致的情形或照顧方式或原則。孩童多大會站、會走？會走以後，走得穩嗎？會不會容易跌倒？多大會說話或說句子，叫爸爸、媽媽？生活自理方面，如多大會自己吃飯？多大會自己穿衣或穿鞋襪？多大不用包尿布，或多大可以控制大小便？還不會走路以前，以及會走之後，要人在一旁陪嗎？還是可以自己一個人玩？都玩些什麼或怎麼玩？教育史方面則詢問：有無上幼兒園？幾歲開始就讀？在幼兒園的適應情形如何？老師對個案的評語為何？和同儕相處如何？此外，也要詢問家長及／或老師，目前孩童平常最喜歡做／玩什麼？包括平日與假日，上學及放學後的時間。家中成員及互動情形等。

　　面談的進行並無一定的順序，常需隨機應變、靈活運用，以使談話過程自然流暢而不覺壓迫。有時從家長的談話中會發現特殊的現象或訊息，如婆媳不和、夫妻管教態度不一致、不能互相支持等，都要留意，因為這些訊息可能提供孩童成長過程的經驗，也提醒我們要幫助這個家庭解決孩童的問題時，可以從哪裡著手。

　　敏銳的觀察力是從事兒童職能治療工作者必備的條件。與孩童的談話則常在活動當中或休息時進行，為的是不要給孩童壓力，並與他建立良好的關係。在自然的交談中，了解孩童的自我概念、對課業及學校生活的感覺、和同學的相處情形、家中的生活作息、與父母及兄弟姊妹相處的情形、個人的興趣和嗜好等。

　　根據面談的結果，可以做一個初步的判斷，例如：個案是否可能有感覺整合發展不良，或只是單純行為問題，也可能是受到過度保護的影響，或可能有其他診斷如自閉症或智能障礙。根據這個初步的判斷，治療師再決定需要進行哪些進一步的評估，包括臨床觀察或使用標準化工

具進行評估。

（二）臨床觀察

臨床觀察是指，治療師技巧性地觀察孩童與家長／主要照顧者的關係及互動方式，以及孩童的身體、心理及社會功能。

1.觀察孩童與家長／主要照顧者的關係及互動方式

從家長／主要照顧者及／或老師帶著孩童來與治療師會面開始，治療師就要開始觀察、蒐集資料。有些孩童一進到室內即開始觀察環境而不會貿然行動，另有一些孩童進到室內就自由走動、不理會治療師的招呼，還有一些孩童一看到吸引他的事物就擅自去拿取或把玩，更有一些孩童則是緊挨著家長／主要照顧者，面露懼色甚至哭了起來。每一種表現都代表了不同的意義，治療師宜根據孩童的表現來決定要採取何種方式與態度來和孩童互動、建立關係，這就是職能治療所強調的治療性自我運用。

治療師不只要觀察孩童的表現，也要觀察大人的作為及反應。面對新環境會畏懼甚至哭了起來的孩童，治療師可能會發現家長從一進門就一直摟著孩童，當孩童不願意就位時，家長可能會好言相勸或哄誘孩童，但可能依然無效。當孩童參與活動時，若容許家長在一旁觀察，治療師也可以觀察孩童對家長的反應以及家長對孩童表現的反應，例如：孩童可能會不時觀察父母的反應，尤其是當他自覺做得不好時，而家長在看到孩童表現不佳或方法不對時，也可能會介入指導或給予口語回饋。這些線索都可以幫助治療師推測親子關係及互動模式，之後再進一步確認。

2.觀察、分析孩童的身體、心理及社會功能

　　治療師宜根據孩童的年齡及發展程度，選擇適合的方式和孩童互動，可能和孩童交談、提供孩童幾樣適合其程度的活動讓他選擇，或是直接詢問孩童想要做什麼。以孩童為中心，孩童選擇的或他喜歡的活動為媒介，用像朋友一樣的態度與方式和孩童互動，在過程中觀察孩童對人、事、物，以及環境的自然反應，包括孩童對不熟悉的人與環境之適應能力及／或反應方式，孩童的合作性、指令聽從能力、執行或操作能力、溝通表達能力、專注力、面對挑戰及挫折容忍度、自我控制及情緒表達等，以及孩童的認知理解、身體概念、視覺空間概念、粗動作與精細動作、計畫活動等能力。

　　在和孩童共同參與活動的過程中，如果觀察到孩童出現不適當的行為或是遭遇困難，治療師宜根據相關的理論或職能治療參考架構，嘗試使用一些介入策略並觀察其效果，以確認所推論的原因是否正確，並找出適合孩童的有效介入策略，例如：在和孩童玩傳接球時，如果孩童總是接不到球，則可能請孩童站前面一點以拉近兩人的距離；若孩童不懂「站前面一點」的意思，則再加上手勢，幫助孩童理解並做出正確的反應。同時，治療師可以拋物線而非直球的方式將球丟給孩童，這樣孩童比較容易追視球移動的軌跡。若孩童依然無法接住，則可能請他先將兩手手心向上、併攏、放在胸前，做好準備姿勢之後，治療師再將球丟在孩童的手上。透過這樣逐步的調整與嘗試，治療師就能夠了解孩童目前的相關能力如何，並找出孩童的近側發展區以及所需的支持或協助。只要提供孩童適當的支持或協助，就能夠將他的能力逐漸向上提升。又如：孩童在玩拼圖時，若一片拼圖掉到地上，治療師宜先觀察孩童的反應，若孩童沒有注意到，則要提醒他。若孩童沒有反應，治療師就要依據他對孩童的了解，來決定使用何種策略來處理。他可能嘗試等待，看

看到最後孩童是否會自己撿起；若孩童繼續把拼圖弄到地上，並且查看治療師（及／或旁人）的反應，就可能是故意的，此時治療師可能會選擇和孩童確認是否還要玩或是不想玩了。若孩童表示不想玩了，就請他將拼圖收起來，直到完全收好；治療師也可能在第一時間就幫忙撿起掉落的拼圖，以和孩童建立起友好、同盟的關係，這也是治療性運用自我的技巧之一。

治療師透過臨床觀察，即可初步確認其針對家長或老師主訴問題所推論的原因，之後再和家長或老師溝通以做進一步的確認。如有需要，則要再針對特定領域，使用適當的標準化評估工具進行評量。

（三）標準化評量

治療師經過與孩童互動、共同參與活動的過程，逐漸熟悉孩童，也和孩童建立起信任的關係。如果有需要進一步檢測特定領域的功能或需要有明確的數據資料，以利申請治療保險給付之用或是未來的成效證明，則會使用適當的標準化評估工具進行評量。標準化評估工具雖然可以提供具體的數據資料，但由於它需要使用標準化的方法、器材與環境，並且由受過訓練的專業人員來進行評量，如果孩童怕生，或是在接受評量時缺乏動機，或是配合度、注意力、理解力不佳，都可能會影響評量的結果。此外，這類評估工具通常是以特定的身體功能為目標，例如：「拜瑞—布坦尼卡視覺—動作統整發展測驗」（The Berry-Buktenica Developmental Test of Visual-Motor Integration, VMI）（陸莉、劉鴻香，1997）、「動作問題簡易量表」（Quick Motor Problem Inventory, QMPI）（羅鈞令，2010a）等，盡可能排除預定評量內容以外之其他成分的干擾，因此評量結果並不能直接解釋孩童的實際功能表現，還需要考慮其他所有相關的因素。

艾爾絲博士（Ayres, 1989）所發展的全套感覺整合功能標準化測驗

工具——「感覺整合與運用能力測驗」（Sensory Integration and Praxis Test, SIPT），包含視知覺、體感覺、計畫動作及感覺動作等方面共十七個項目，有四至八歲孩童的常模。然而，測驗結果之分析與解釋需要參考孩童生活各方面的表現，做整體的分析，才能夠做出正確的判斷。此外，SIPT 需要經過訓練的專業人員才可施測，完成全套測驗需時約兩小時，且須購買光碟點數來計分，因此在臨床實務上較不常使用。

　　另一類標準化評估工具是由主要照顧者根據平時對孩童的觀察及了解來填答的評量工具，例如：「幼兒日常職能評估量表」（Pediatric Daily Occupation Scale, PDOS）（羅鈞令，2010b，2011）及「中華兒童發展量表」（Chinese Child Development Inventory, CCDI）（徐澄清、蘇喜、蕭淑貞、林家青、宋維村、張珏，1978）。其優點是可以反映孩童在實際生活中的表現，但如果家長或主要照顧者對孩童的觀察不仔細，則可能會影響評量結果。此外，文化或環境的影響也是必須考慮的因素。

　　以下分別介紹幾種常用的本土化評量工具。

1.「幼兒日常職能評估量表」（PDOS）（羅鈞令，2010b，2011）

　　PDOS 包含三百四十項家長在日常活動中可以觀察得到的幼兒職能表現。「職能」在此處的定義為：「孩童在日常生活中所參與的填充其時間、有目標，且賦予其生活意義的活動」（American Occupational Therapy Association, 2008）。職能活動的最終目標都是為了要滿足個人的生理、心理或精神需求，例如：對一個一歲左右的幼兒而言，「自己用手拿著餅乾吃」和「兩手一起用力拍打書本或桌面」都是他的職能活動。PDOS 所評估的不只是孩童本身的能力，而是孩童與環境及人、物互動的結果表現，包括支持或阻礙其表現的真實環境在內。

　　PDOS 是由最了解孩童的家長或主要照顧者來填答之量表，提供零

至六歲幼兒的常模分數，可以將孩童的分數和同年齡幼兒相比較，以了解孩童的發展狀況如何。填答依分量表約需時十五至三十五分鐘，年齡愈小的幼兒需時愈少。由於此量表的項目內容是一般孩童平日生活中所參與的活動，而一般孩童就是透過參與各類日常活動來發展其潛能，故此量表的項目內容可供家長、幼教老師及健康相關專業人員作為擬訂孩童的療育目標之參考。PDOS 的結果反映著孩童在環境適應方面的能力與不足之處，可幫助職能治療師據以分析孩童—活動—環境三者的契合度。

此外，自閉症孩童的主要困難在概念及情境理解方面，以致對其生活及環境適應造成很大的影響。一般自閉症孩童，尤其是高功能自閉症或亞斯柏格症的孩童，或許可以經由訓練或模仿而習得各種技巧能力，因此在一般發展量表中不易發現問題，然而在實際生活中他們往往無法有合乎情境的表現。PDOS 是以孩童在實際生活情境中的表現為目標，因此比一般發展量表更能夠發現自閉症孩童的問題。筆者曾經蒐集了五十九位六歲以下自閉症孩童的 PDOS 與「中華兒童發展量表」的評量結果，發現其中有五十一位孩童（86%）的 PDOS 分數明顯落後於一般孩童，而由「中華兒童發展量表」的分數來看，則僅有二十四人（41%）明顯低於一般孩童，此顯示 PDOS 在發現自閉症孩童的生活適應問題方面的敏感度較高。

2.「拜瑞—布坦尼卡視覺—動作統整發展測驗」（VMI）（陸莉、劉鴻香，1997）

VMI是讓孩童抄畫二十四個由易到難的幾何圖形，藉以評估孩童的視知覺與動作統整或協調能力。全式題本適用於三歲至成人，簡式題本適用於三至六歲兒童，其手冊提供了三至十七歲孩童的常模。除了測驗分數以外，治療師還會觀察孩童的抄畫方式及行為表現，以輔助解釋測驗結果，例如：有些孩童畫得很急、很草率，此時治療師就會提醒他不

用急，可以慢慢畫；有些孩童在畫直線時會先打點，再將點連成一條線；也有些孩童會用手指來量測線條的長度，再照樣畫。這些不尋常的表現都值得重視其代表的意義。

3.「動作問題簡易量表」（QMPI）（羅鈞令，2010a）

　　艾爾絲博士曾經依據神經發展理論提出一套感覺整合臨床觀察方法（Ayres, 1972），包含有十八個動作相關的項目，如原始反射反應、肌肉張力、不自主動作、穩定度、眼球動作及口腔動作等，有各自的觀察標準。Dunn 於 1981 年又進一步針對五至九歲的孩童，將各項目的施測與評分標準予以標準化，然而各項目的評分方式並不一致，且無法得出一個總分數以判斷孩童的整體表現如何。因此，筆者以艾爾絲博士的感覺整合臨床觀察為藍本，並參考了許多常用的軟性症狀之神經學檢查或神經動作測驗，發展了一個快速、有效的標準化評量工具──「動作問題簡易量表」（QMPI）（羅鈞令，2010a），以滿足臨床實務工作上的需要。

　　QMPI 是以評估輕微的神經功能或感覺整合障礙為主，包含有反射反應、肌肉拮抗作用／關節穩定度、平衡、動作計畫與動作協調等五種動作能力，其中的動作協調又分為上肢協調、下肢協調、眼球控制以及口腔動作等四個部分，總計有二十二個項目。熟練的治療師可在十五分鐘內完成施測。由於 QMPI 所量測的是細微的神經動作能力差異，沒有神經發展與感覺整合理論之基礎者可能無法理解其意義，也難以判別動作能力之優劣，因此需要經過訓練並通過認證的專業人員才可以使用，以確保施測品質及結果之解釋的適當性。

4.「中華兒童發展量表」（CCDI）（徐澄清等人，1978）

　　若治療師懷疑孩童的發展可能有遲緩，就可以採用兒童發展量表或

測驗，以對孩童各方面的發展做一完整的檢視。CCDI 是一個以六至七十八個月大的嬰幼兒，在日常生活中的行為表現為主之發展評估工具，包括：「粗動作」、「精細動作」、「溝通表達」、「概念理解」、「環境理解」、「身邊處理」、「人際社會」等七個面向，總計有三百二十題，由熟悉孩童的家長或主要照顧者依據平時的觀察作答。

CCDI 最初是由徐澄清等人於 1978 年修訂 Minnesota Child Development Inventory（Ireton, 1972; Ireton & Glascoe, 1995）而來，並建立了臺灣孩童的常模。之後，姚開屏、余俊生、鄒國蘇（1997）以及胡崇元、柯慧貞（2000）又再更新其常模。它除了可以得出七個面向的分數外，並由各面向中最具區辨力的一百三十八題得出幼兒的綜合發展分數（徐澄清等人，1978）。

二、問題分析，擬定介入目標、策略及方法

由前一節的說明可知，職能治療評估是一個臨床推理的過程，從接到轉介來的個案資料那一刻開始，治療師就在進行臨床推理、分析問題：首先要根據手邊可取得的資料推想個案可能的狀況，選擇適合的理論及／或參考架構，準備實際進行評估時要蒐集哪些資料，要採用何種方法、器材、工具及環境來蒐集資料。在開始評估之後，治療師會根據蒐集到的資料及孩童的反應適時調整評估方式或內容。這個**分析—推理—蒐證**的過程是不斷循環的，直到掌握了孩童的主要問題並確認了可能的成因為止。因此當評估結束時，就表示治療師和家長、老師或孩童已經對孩童的問題及其成因有了共識，對於後續的介入目標、策略及方法通常也已有了相當程度的共識。

在臨床推理的過程中，治療師會不斷地分析問題，嘗試依據理論及實證，找出能夠解釋孩童為何如此或有這些狀況的原因。在推理和問題

分析的過程中，治療師不只是要了解孩童的問題，同時也要了解孩童所處的環境，包括物理性及社會性環境，以及孩童的優勢能力、家庭和家人的資源及負擔等，因為這些因素不只關係著孩童問題的成因，更是決定介入目標以及後續採取何種介入策略及方法較為可行的關鍵。這就是**以個案及家庭為中心**的理念之落實。

　　擬定介入目標時，職能治療師除了要從發展的觀點來思考各項能力或技巧的發展順序以外，還需要從全人的觀點來思考各面向能力彼此之間的相關性，例如：孩童因為視覺空間概念不好以致書寫困難，寫出的字體結構不佳，且容易超出格子。進一步評估發現，他的前庭系統功能不佳，身體概念也不好，要靠治療改善其感覺整合功能至少需要三至六個月，或甚至更久。然而，他已經上小學一年級了，寫功課是他的日常職能之一。家長和老師都不能接受他的書寫品質，於是孩童每天都要面對寫出的字一再被擦掉重寫或是被打叉罰寫的情況。一段時間以後，孩童對書寫產生畏懼，覺得自己就是無法達到師長的要求，於是想盡辦法逃避、拖延書寫任務，連帶也影響了孩童對學習的信心與興趣，這些負面的經驗對孩童的自尊心與自信也是一大打擊。因此，職能治療師除了要針對孩童的感覺整合功能給予治療以外，也需要針對其每天要做的書寫任務找出可以盡快解決的辦法，例如：使用格子較大的簿子書寫、師長暫時將書寫品質的標準放寬一些、容許孩童有較長的時間抄寫等，以改善孩童執行書寫任務的經驗為目標。正向的職能經驗將帶給孩童勇氣，願意朝更高的標準挑戰，若孩童沒有排斥或放棄書寫，同時隨著孩童的感覺整合功能逐漸改善，其書寫的品質自然會逐漸進步，於是就形成了一個正向發展的循環。

　　雖然治療師從專業知能與實務經驗的角度，對孩童及其家庭狀況的了解，對於介入目標、策略及方法有其看法，但是最重要的決策者還是家長與孩童。畢竟家長與孩童當事人對其狀況及感受，以及人力、經

濟、時間及環境等可用資源是最了解的。因此，治療師需要透過與家長、老師及／或孩童溝通，充分交換資訊與看法之後，討論出各方都覺得能夠接受且最為可行的目標、策略及方法。經過充分溝通後，大家對介入目標、策略及方法有了共識，就能夠齊心協力分頭在各自的角色上盡力去做，將治療融入於孩童的日常生活中，其效果將遠大於僅仰賴固定時段的專業治療。

三、感覺整合治療

　　感覺整合治療是由艾爾絲博士以神經生理及神經發展的理論為基礎，根據職能治療哲理及原則，針對感覺整合功能異常的孩童所發展出的一套治療方法。從系統發展學及個體發展學的觀點來看，人類大腦的進化及發展都是由低到高，由內向外進展的。也就是愈高層次、愈外層的組織，其功能就愈複雜，同時它還必須依賴健全的低層組織才能夠發揮良好的功能。因此，艾爾絲博士的感覺整合治療特別強調改善孩童腦幹部位的整合功能，因為唯有從基礎能力訓練起，才可以進一步改善較高層次的大腦功能，以收事半功倍之效。

　　艾爾絲博士發展感覺整合治療的緣由是因為她觀察到一些聰明、沒有特殊診斷，卻無法像一般孩童那樣自然學會一些自理技巧或操作物件，而被認為是有學習障礙的孩童。於是她長時間投入神經科學的研究，結合她從事臨床實務工作時的觀察及家長與老師的陳述，發展出感覺整合理論與標準化評估工具，並運用因素分析與集群分析的方法，找出幾種感覺整合功能障礙的類型，再針對各種功能障礙類型提出治療介入的建議（Ayres, 1972）。

（一）感覺整合治療療效研究

　　自從艾爾絲博士發表感覺整合理論與治療以來，感覺整合治療在臨床實務上廣泛被運用，許多孩童也因而受惠。早在 1982 年，Ottenbacher就回顧了四十九篇關於感覺整合治療效果的研究報告，其中八篇是針對感覺整合治療療效，有對照組，並有提出關於學業成就、動作表現或語言功能的量化評估資料之研究。結果顯示：接受感覺整合治療的孩童，其表現明顯比未接受感覺整合治療的對照組孩童好。然而十年後，Polatajko、Kaplan 與 Wilson（1992）回顧 1978～1992 年間針對學習障礙孩童，以感覺整合治療改善其課業與動作技巧的研究報告，其中採隨機取樣且有安排對照組，並確認孩童有感覺整合功能障礙且有個別化治療計畫者共計七篇。結果發現，並不支持感覺整合治療對於改善孩童課業問題的效果，其在改善感覺動作技巧方面的效果則與知覺動作訓練無明顯的差異。Polatajko 等人檢討這個結果，認為可能受到下列因素的影響：(1)研究對象人數太少，故不易顯現兩組之差異；(2)實驗組的治療情境與一般臨床治療情境不同，且在研究中限制所能使用的活動（如紙筆活動）；(3)缺乏能夠敏銳反映感覺整合治療成效的評量工具，以及(4)孩童的個別差異很大，或許不適合使用統一的治療規範。因此，若要使用量化統計的研究方法來呈現感覺整合治療的療效，或許需要更仔細的區辨個別差異，針對不同類型的孩童擬定最適切的治療計畫。然而這樣做的話，要累積較多的人數就更不容易了。

　　1999 年，Vargas 與 Camilli 使用後設分析的方法搜尋自 1972～1994年間關於感覺整合治療療效的研究，結果找到十六篇比較有和無接受感覺整合治療的研究，以及十六篇比較接受感覺整合治療和接受其他治療的研究。結果發現：在較早期的研究中，接受感覺整合治療者比沒有接受感覺整合治療者有明顯的進步，在認知、學業表現和動作方面的效果

較顯著，但在較後期的研究中則效果不明顯。然而，感覺整合治療和其他治療的效果則沒有明顯差異。他們的研究結果呼應了 Ottenbacher（1982）以及 Polatajko 等人（1992）的研究結果。

除了職能治療學者們積極研究感覺整合治療療效外，1994 年有兩位心理學領域的 Hoehn 與 Baumeister 也在《學習障礙雜誌》（*Journal of Learning Disabilities*）上發表了一篇描述性的文章。他們選擇了 1982 年以後發表的七篇針對學習障礙孩童所做的關於感覺整合治療療效之研究，其中五篇和 Polatajko 等人（1992）篩選的文章相同，然而作者們卻做出相反的結論，批評感覺整合治療無效。隨後即有 Cool（1995）和姚開屏（1996）針對 Hoehn 與 Baumeister 的文章指出其嚴重的偏頗與缺失，包括：刻意選擇不利於感覺整合治療的研究、扭曲原著的結果，以及將評論焦點放在非功能性發展的前庭視覺反射與旋轉後眼球震顫方面。這篇文章作者的動機固然可議，但也顯示出需要有具體實證來證明感覺整合治療療效的迫切性。

在美國，90% 的學校系統職能治療師們都會使用感覺整合治療理論與治療原則，來處理有感覺訊息組織與處理問題的各類孩童（Storch & Eskow, 1996）。隨著健康相關專業愈來愈重視有實證基礎的治療之後，若感覺整合治療成效的系統化研究結果不一致，無法強而有力的支持感覺整合治療的效果，除可能影響外界對職能治療功效的信任，更將可能影響確實需要藉由改善感覺處理功能，來助其參與日常活動的孩童接受治療之機會。有鑑於此，May-Benson 與 Koomar（2010）回顧了二十七篇針對因感覺處理及整合問題而致影響其日常生活參與的兒童或青少年使用感覺整合治療的療效。結果發現：感覺整合治療對於感覺動作技巧與動作計畫，社交、注意力及行為調控，閱讀相關技巧，主動參與遊戲，達成個人目標等方面，都可能有所助益。但是由於這些研究的個案人數較少，介入方式未必都符合艾爾絲博士的感覺整合治療原則，以及

成效評量未必對孩童和家長是有意義的，或未隨著治療量而有所改變，因此建議尚需有更嚴謹設計的研究來支持此結果。

（二）感覺整合治療的基本原則

　　Parham等人（2007）針對各個感覺整合治療研究中所採用的治療方法進行了解。他們搜尋了 2004 年以前，以英文發表於醫療及健康相關的專業學術雜誌上，關於感覺整合治療成效的研究，一共找到了來自六十一個研究的七十篇有提出感覺整合治療成效量化數據（排除只有質性描述的個案研究）之文章。之後再排除那些合併使用其他治療模式，或是以嬰兒或中學以上個案為對象的研究，最後得出三十四個以幼兒園或國小學生為對象的研究。他們仔細檢視這些研究所提供的治療方法後發現，在艾爾絲博士的感覺整合治療原則中，只有「提供感覺刺激的機會」這一項是所有研究都有提到的，其他的治療原則分別只有 6～38%的文章有提到。這個結果顯示，大家聲稱的感覺整合治療其實可能並非完全依照艾爾絲博士的原則或方法進行的，故其研究結果的不一致也就可以理解了。另外，Parham等人發現，在這些研究中，提供感覺整合治療的人員雖然有 94%具專業背景，但是只有 18%的人除專業養成教育外，還曾另外接受過感覺整合治療訓練。換言之，治療師本身的感覺整合治療能力不一，也可能是導致感覺整合治療成效研究結果不一致的重要因素之一。有鑑於此，Baker/Ayres Trust已將 Ayres Sensory Integration®（艾爾絲感覺整合）註冊，期望能夠確保艾爾絲博士的感覺整合治療品質（Roley, Mailloux, Miller-Kuhaneck, & Glennon, 2007）。Parham 等人建議，在其研究中所整理出的感覺整合介入結構與過程關鍵要素可以做為確保感覺整合介入的忠實度之用。

　　根據Parham等人（2007）以及 Roley等人（2007）的研究，艾爾絲博士的感覺整合治療應符合下列基本原則：

- 由**受過感覺整合治療訓練**的職能治療師提供介入。
- 以家庭為中心，透過完整的評估與解釋孩童的感覺整合功能障礙型式，以及與孩童的家長共同商討符合職能治療專業實務標準與倫理的介入計畫。
- 治療空間必須能夠確保孩童安全，且具有能夠提供孩童前庭覺、本體覺及觸覺刺激，以及計畫動作的機會。
- 使用的活動必須包含大量感覺刺激（尤其是前庭覺、本體覺及觸覺刺激），並且讓孩童有機會將這些刺激和其他如視覺與聽覺刺激整合的機會。
- 活動必須要能夠促進情緒與警醒度的調節，幫助孩童保持在參與重要學習機會的最佳狀態。
- 提供最適挑戰，以誘發適當的反應。
- 提供孩童面對不斷變化且逐漸提高複雜度的挑戰，並做出適當反應的機會。
- 創造一個好玩的環境吸引孩童主動參與，用遊戲激發孩童的內在動機與動力。
- 治療師需因應孩童的反應，即時調整活動／任務、互動方式及環境，以營造一個信任、尊重的氛圍。
- 透過調整活動確保孩童獲得成功的經驗，讓活動本身對孩童而言就是最好的獎勵。

　　除了上述的基本原則外，感覺整合治療是基於下列假說：讀寫能力的發展有賴於良好的手眼協調與動作計畫能力，手眼協調與動作計畫能力有賴於良好的姿勢控制與身體圖像，姿勢控制與身體圖像的發展則有賴於各種感覺訊息的適當整合。因此，感覺整合治療是要根據完整的評估與解釋孩童的感覺整合功能障礙型式，來設計治療計畫與步驟，而非僅只是提供孩童大量的感覺刺激活動。以前庭系統功能障礙為例，依照

個體發展理論，感覺整合治療的步驟可能包括：(1)中樞神經系統狀態的正常化，尤其是觸覺與前庭覺系統；(2)抑制原始反射反應；(3)發展平衡反應能力；(4)改善眼球控制能力；(5)促進身體兩側的協調；(6)發展視覺形狀與空間概念等（Ayres, 1972）。

　　近幾年關於感覺整合治療療效的研究，在作法上大多依循Parham等人（2007）以及 Roley 等人（2007）整理的原則，研究結果也多支持感覺整合治療的療效。Nimbalkar（2015）針對特殊學校的十八名有觸覺防禦現象的孩童，使用減敏感法的感覺整合治療六週後，孩童對無害刺激的敏感度顯著降低了。Faramarzi、Rad 與 Abedi（2016）針對有注意力缺陷過動症的小學生之執行功能，提供每週兩次、每次四十五分鐘的個別感覺整合治療。結果發現：接受十二次治療的孩童，其執行功能和未接受感覺整合治療的對照組孩童相比有顯著的改善。另外，Shemy 與 Mohamed（2017）則針對八至十歲有發展性協調障礙的兒童，研究感覺整合治療對於改善動作技巧與平衡能力的效果，治療組孩童接受每週三次、每次兩小時的感覺整合治療，持續進行三個月。結果亦發現：接受感覺整合治療的孩童比未接受治療的對照組孩童有顯著之進步。

（三）感覺整合治療的實務應用

　　艾爾絲博士（Ayres, 1972）發展感覺整合理論與治療，主要是由於她注意到一些有學習障礙的孩童可能有感覺訊息處理方面之神經系統問題，經過長期觀察與實驗後，發現處理了孩童的感覺整合功能障礙之後，即可改善孩童的讀、寫、算等學習能力。因此，使用感覺整合治療的前提是，要確定孩童的問題是來自於感覺整合功能障礙；換言之，治療師首先需要確認孩童有無任何其他診斷的可能。並非有其他診斷的孩童就不能夠使用感覺整合治療，而是當孩童有特定診斷或懷疑時，應以最適合該診斷及徵候的治療模式為主軸，例如：腦性麻痺孩童應以神經

發展治療為主軸，智能障礙孩童通常會以教──學理論為介入主軸，自閉症孩童則須針對其主要障礙──情境與概念理解困難給予協助（羅鈞令，2013）。如果評估後發現孩童亦有感覺整合功能障礙，則可合併使用感覺整合治療的原則來處理特定的問題或是整體神經系統的狀態，但是若單獨使用感覺整合治療，則難以有效幫助孩童的活動參與及表現。

　　治療師在排除了其他診斷的可能之後，進行評估時還需要使用人──活動──環境三者互動的模式，經過嚴謹的臨床推理過程，由上而下逐一過濾各種可能的原因，例如：在環境方面，當周圍有人在玩或看電視時，就可能影響孩童寫功課或讀書的意願，即使勉強他做，品質也可能受影響。此外，他人的評價或回饋也可能影響孩童的表現，例如：若大人是以要求或威脅的方式要孩童寫功課或讀書，孩童就可能產生反抗心，而不願積極的投入；又或者大人以利誘或條件交換的方式要孩童寫功課或讀書，孩童就可能產生被動、依賴及討價還價的習慣，自然也會影響其學習的意願；也可能孩童在面對時間或有同儕競爭的壓力時比較無法定下心來做事等。在活動方面，若給孩童的活動或任務太困難或是孩童覺得自己做不來時，他就可能不會盡全力去做；活動使用的工具或是工作的場所、桌椅的高度等，也都可能影響孩童的表現。在人的方面，包括孩童的生活經驗與養成的習慣，若其生活經驗貧乏或受到過多保護或限制，孩童可能沒有機會學習到一些基本做事的技巧，甚至肌肉張力與力量也因為缺少鍛鍊而較弱。孩童可能還沒有培養起對學習的興趣或甚至排斥讀寫活動，面對不喜歡的活動有逃避的傾向或習慣，有故意不配合或唱反調的行為習慣等。若有前述這些問題存在，治療師就需要優先處理。排除了這些上層因素所造成的影響之後，再進一步往下探究其他可能的原因，包括：認知能力、心理因素（如自信心、堅毅力、記憶力等）、感覺處理與感覺整合能力時，才比較能夠確認真正可能的原因。換一個方式來說，最底層的感覺訊息處理及整合功能不良時固然

會影響到上層能力的發展，但是當孩童的讀、寫、算等上層能力表現不佳時，在歸因於最底層的感覺訊息處理及整合功能不良之前，需先逐一檢查人—活動—環境三者互動時的眾多可能影響因素。當治療師透過臨床推理的過程，掌握了所有可能的影響因素之後，就能夠根據相關理論規劃治療介入的先後順序，提供有實證基礎的治療服務，也才能夠確保治療的效果。

全面評估後發現孩童除了感覺整合功能障礙以外，若還有其他情緒或行為等方面的問題時，通常必須優先處理孩童的行為與情緒問題，才有可能和孩童建立起信任、尊重的關係，進行以鼓勵自主投入為原則的感覺整合治療。此外，由於感覺整合治療的效果不像打針、吃藥那麼快速，常常需要治療三個月、半年或更長的時間，其效果才會在日常活動上或課業上逐漸顯現。為能兼顧到孩童的生理、心理及人際社會各方面的發展，職能治療師還會提供以職能為焦點的治療策略，以確保孩童及家人的每日生活經驗盡可能是正向或成功的。透過積極的參與日常作息活動，配合感覺整合治療的原則，將更有助於孩童感覺整合功能的發展。

Schaaf（2015）並發展了一個根據數據做決策（Data-Driven Decision Making, DDDM）的程序，用以引導臨床職能治療師系統化地進行以數據為基礎的臨床推理，以能夠產生有理論基礎及數據的療效實證。然而，在我國目前的健保制度中，職能治療評估的費用比一次治療費用還低，並且限制申報評估的次數，以致出現重療育、但不重視評估的現象，非常令人為之扼腕！

第八章

感覺整合與自閉症

　　美國疾病管制局於 2018 年公布：每五十九名孩童中就有一名自閉兒。在美國精神醫學會出版的《心理疾病診斷與統計手冊》（第五版）（*Diagnostic and Statistical Manual of Mental Disorders*, 5th ed., DSM-5）（APA, 2013）中，將過去所稱之自閉症、亞斯柏格症（Asperger's disorder），或非特定廣泛性發展障礙（pervasive developmental disorder not otherwise specified）統稱為泛自閉症障礙症候群（Autism Spectrum Disorder），其共同特徵主要有二：

　　一、目前或過去，在多種場合中，持續在社交溝通與社交互動方面出現下列情形：

　　1.在社交─情緒互動方面有缺陷，例如：異常的社交方式與無法正常的往返交談；較少分享興趣、情緒或感受；以致於無法起始或回應社交互動。

　　2.在使用非口語溝通行為進行社交互動方面有缺陷，例如：整合不佳的口語與非口語溝通；不正常的眼神接觸與身體語言，或理解與使用手勢缺陷；以致於完全沒有臉部表情與非口語溝通。

　　3.發展、維持與理解人際關係有缺陷，例如：依不同的社交情境調整行為有困難；分享想像性遊戲或交朋友有困難；以致於對同儕缺乏興

趣。

二、目前或過去，行為、興趣或活動模式局限且重複，在下列各項中至少出現二項：

1.刻板或重複的身體動作、物件使用或語言（例如：重複簡單的動作、將玩具排成一列、手拍物件、模仿他人言語、特定的詞語等）。

2.堅持同一性（sameness）、無彈性地固著於特定而不具功能性的常規（routines），或儀式化口語及非口語行為（例如：對微小的改變感到極度的苦惱、難以適應轉銜、僵化的思考模式、招呼儀式、每天必須走相同的路線或吃相同的食物等）

3.高度局限、固定的興趣，興趣的強度或對象異常（例如：高度依附或沉迷於不尋常的物件、過度局限或堅持的興趣等）

4.對感覺刺激的反應過高或過低，或對環境中的感覺刺激有不尋常的興趣（例如：對疼痛／溫度無反應、排斥特定的聲音或材質、過度聞嗅或觸摸物件、非常愛看光線或會動的東西等）。

從感覺整合理論來看，人們對於周圍環境的認識，是經由大腦集合來自於各種感官的訊息，經過組織、整合，最後形成一個完整的概念，再依此概念做出適當的反應。在 DSM-5 的自閉症診斷標準中，「對感覺刺激的反應過高或過低，或對環境中的感覺刺激有不尋常的興趣」是自閉症的核心特質之一。此表示自閉症孩童在感覺刺激的接收、組織或整合方面，極可能有障礙，而這勢必會影響其發展、學習與生活參與。

一、艾爾絲感覺整合理論與自閉兒

艾爾絲博士（Ayres, 1979）認為，自閉兒無法適當地註冊感覺刺激，以致他們注意力擺放的地方與一般孩童不同。對於註冊到的刺激，他們可能也無法有效的調節，對刺激的反應可能過大或過小。當他們對

前庭刺激反應過大時，就會出現重力不安全感的現象；對觸覺刺激反應過大時，就會出現觸覺防禦現象。艾爾絲博士認為，對刺激反應過大的孩童，其感覺整合治療的效果會比反應過小的孩童好，因為他可以註冊到刺激（Ayres & Tickle, 1980）。艾爾絲博士推測邊緣系統（limbic system）和前庭與本體系統可能與刺激的註冊及調節有關。邊緣系統如有異狀就可能導致自閉兒的動機缺陷，例如：對於從事有目的之活動缺乏動機，似乎缺乏一般孩童的內在驅力。

　　Kilroy、Aziz-Zadeh 與 Cermak（2019）檢視了近年關於自閉症的感覺處理與整合之神經基礎，包括神經生理反應以及結構與網絡組織的神經影像學研究，確實發現自閉兒的邊緣系統情緒處理區有缺陷，因此支持艾爾絲博士的推測包括可能影響其感覺註冊與調節。研究發現，自閉症者的情緒腦區（emotion-related brain regions）不論在結構上或是功能上都不同於一般人，此區的杏仁核（amygdala）和島葉（insula）在辨認重要訊息方面扮演著重要角色，這或許可以解釋為什麼自閉症者對社交或其他刺激的反應異常（Pierce, Haist, Sedaghat, & Courchesne, 2004; Rudie et al., 2012）。亦有研究指出，自閉症者並非對眼神注視反感，而是不理會，因為他們不知他人的眼睛是重要的刺激或訊息來源。研究發現，自閉症者腦部支持初級感覺處理的功能性網絡有缺陷，以致影響到更高層級的感覺整合功能。關於大腦靜止狀態的研究則發現，自閉症者缺乏有效的網絡聯繫，要從被動的內在思想轉換到功能性任務時會有困難（Keown, Datko, Chen, Maximo, Jahedi, & Müller, 2017; Uddin & Menon, 2009）。然而，腦部異常情形則與研究方法如年齡、刺激或指示相關，與自閉症特質包括感覺處理的關係，詳細為何尚不十分明瞭。

　　愈來愈多的神經影像學研究發現，自閉症者對視覺、聽覺及觸覺刺激的反應與一般人不同。Cascio 等人（2012）發現，自閉症成人在評定對觸覺刺激的好惡分數時比一般成人極端，對於中性刺激的評分之個別

差異較大，此顯示他們對於模稜兩可的刺激之評估較不穩定，這或許反映著某些自閉症者的刺激敏感度與區辨力。Green、Hernandez、Bowman、Bookheimer 與 Dapretto（2018）發現，自閉症者在執行一個涉及解讀視覺與聽覺線索的社會認知任務時，若出現一個刺耳的刮擦聲，他們的語言及背側與背內側前額葉皮質的作用會下降。因此，他們推想感覺刺激可能會破壞自閉症者對社會訊息的處理。

　　艾爾絲博士曾提到，自閉兒無法單從觀看即了解刺激的意義，若有實際體驗，則可幫助他們理解。然而，他們要將習得的經驗概化到另一個情境也是有困難的，因此他們不像一般孩童，一看到玩具就立刻想要去玩，因為他們無法想像那個物品可以如何或有什麼好玩；可能同樣的原因也使得他們難以發展出一個好的身體圖像與環境概念，而影響他們的動作計畫能力和從事活動的動機。Siaperas 等人（2012）比較了七至十四歲有亞斯伯格（AS）診斷的孩童，與一般發展孩童的動作表現（使用 Movement Assessment Battery for Children, 2nd ed. 檢測）與感覺整合功能（使用 SIPT 檢測），結果發現：AS 孩童的動作表現與本體覺及前庭覺處理都有明顯的缺陷。Zetler、Cermak、Engel-Yeger 與 Gal（2019）回顧了 1995～2017 年間研究自閉症者的體感覺區辨之文獻，結果發現自閉症者的觸覺與運動覺區辨差異性極大，從正常、受損到優於一般人都有，這也反映自閉症是一個異質性的族群。體感覺區辨受損的情形在幼兒期最為明顯，隨著年齡增長，到青少年期及成年期逐漸改善，這可能是由於其大腦的感覺整合功能進步了。然而，有研究發現在三十至四十歲間，體感覺區辨有受損的情形，是否是因為神經系統之變化造成則尚不清楚。這些研究發現間接支持艾爾絲博士早期的推想，而 Fuentes、Mostofsky 與 Bastian（2011）認為，自閉症者的動作缺陷可能與感覺處理障礙，尤其是體感覺缺陷相關，而這可能與大腦皮質的體感覺整合功能相關。

有多個研究都發現，自閉症者大腦中的獎勵系統功能與結構異常，以致他們缺乏獎勵或增強機制，因而缺乏想要從事活動的內在動力（Kilroy et al., 2019）。Chevallier、Kohls、Troiani、Brodkin 與 Schultz（2012）對於自閉症者從嬰兒期就顯現的社交缺陷提出一個社交動機理論（social motivational theory of autism）。不同於過去從自閉症者缺乏心智理論（theory of mind）或是執行功能障礙來解釋其社交缺陷，社交動機理論認為自閉症者的社交缺陷源自於對社交訊息缺乏注意、搜尋、喜好或試圖維持社會關係，進而影響了社交技巧的發展。Chevallier 等人提出的論點支持了艾爾絲博士早期的推想。

許多研究發現，自閉症青少年與成年人都表示他們對他人是有興趣，且想要與人來往的（Gillespie-Lynch, Kapp, Brooks, Pickens, & Schwartzman, 2017; Marks, Schrader, Longaker, & Levine, 2000），但是他們對友誼以及和他人建立關係的渴望，卻可能因為缺乏社交技巧而受挫（Mendelson, Gates, & Lerner, 2016）。有些自閉症者表示是一種習得的無助感，而使他們放棄嘗試與人互動（Robledo, Donnellan, & Strand-Conroy, 2012）。顯然並非所有自閉症者都喜歡獨自一人，只是因為其能力無法滿足其想望。Jaswal 與 Akhtar（2019）認為，自閉症者表現出好像不喜歡有同伴，這可能並不是自閉症的症狀，而是因為長期被視為「沒有社交動機的人」，且如此被對待，所產生的結果。因此，設法改善自閉兒對社交訊息的注意與搜尋，或許是更為有效的方法。

二、自閉症者的感覺處理問題

感覺處理是一個人知覺、處理及組織其感官所接收到的訊息，包括來自自身的與環境的觸覺、動覺、視覺、聽覺、味覺、嗅覺等。根據 DSM-5（APA, 2013），感覺處理問題是自閉症的核心症狀之一，在有自

閉症診斷的孩童中，估計約有 69～96% 有感覺處理問題（Ausderau, Sideris, Little, Furlong, Bulluck, & Baranek, 2016; Hazen, Stornelli, O'Rourke, Koesterer, & McDougle, 2014; Marco, Hinkley, Hill, & Nagarajan, 2011; Stewart et al., 2016）。最常被探討的感覺處理問題是感覺調節困難，包括：感覺反應過度（sensory over-responsivity）、感覺反應過弱（sensory under-responsivity），以及感覺尋求（sensory-seeking）三種。這使得自閉症者在某些環境中難以有效發揮功能。

　　感覺反應過度是指對感覺刺激有過大的負面反應，導致對該刺激會逃避或過度警戒，例如：某人對某一類衣物或質地的觸覺刺激特別敏感，他便可能拒絕穿該類衣物或只坐特定材質的座椅。**感覺反應過弱**是指對一般會有所反應的感覺刺激似乎無感或反應較慢，例如：對疼痛反應過弱者可能容易受傷。**感覺尋求**是指某人對某些感覺刺激特別喜愛或執迷，例如：重複的聞自己的手指，或是將非食物放入口中。許多自閉症者同時有感覺反應過度或過弱的情形，且伴隨有感覺尋求的行為（Lane, Young, Baker, & Angley, 2010），這會影響其對感覺刺激的察覺與區辨，進而影響其動作計畫與執行能力。

（一）感覺處理問題相關實證

　　Ben-Sasson、Hen、Fluss、Cermak、Engel-Yeger 與 Gal（2009）針對自閉兒的感覺調節症狀搜尋了 2007 年 5 月以前的相關研究，進行了一個後設分析。他們找到十四篇符合篩選條件的文獻，結果發現自閉兒和一般孩童有極大的差異，其中以反應過小的差異最大，其次是反應過度和感覺尋求；並發現這些差異會因孩童的生理年齡、自閉症嚴重程度以及對照組的種類而有不同，其中以六至九歲孩童的差異最大。在感覺尋求方面，零至三歲的自閉兒明顯比一般嬰兒較少探索環境或展現感覺興趣，但在年齡漸長之後，自閉兒則出現較多不合時宜的感覺尋求行

為。Horder、Wilson、Mendez 與 Murphy（2014）比較了七百七十二名成人的自閉商數，與反應過度、反應過弱和感覺尋求三種感覺症狀的關係，其中包括有自閉症診斷者和無診斷者。結果發現：不論有無自閉症診斷，自閉商數與三種感覺症狀的評估結果都有顯著相關。

　　Germani 等人（2014）研究發現，三歲時被診斷為自閉症的孩童，其在兩歲時的感覺註冊與聽覺處理功能就明顯比一般孩童為弱。Chistol、Bandini、Must、Phillips、Cermak 與 Curtin（2018）也發現，三至十一歲的自閉症孩童有感覺處理異常的人數明顯較無自閉症孩童多。

　　Howe 與 Stagg（2016）探究十二至十七歲有自閉症的青少年在學校中其感覺系統方面的困難，從自答式量表及問卷發現：所有十六位參與者至少都有一種感覺困難，其中影響最大的是聽覺方面，因此呼籲學校方面需要了解及重視每一位自閉症學童的感覺困難問題。Kasai 與 Murohashi（2013）以十六位二十一至三十六歲的志願者為對象，探討自閉特質與視覺處理缺陷的關係。結果發現：自閉特質愈強者，其由下而上的感覺處理能力（而非由上而下的執行功能）愈弱。

　　綜合而言，自閉症者不論在初級的註冊感覺刺激，或是在進階的理解、認知刺激的意義方面都有缺陷。

（二）感覺處理問題的影響

　　感覺處理障礙對自閉症者日常生活的影響，包括焦慮、害怕與逃避、儀式化、傾向同一性行為，以及在自我照顧和學校參與方面的困難（Ashburner, Ziviani, & Rodger, 2008; Jasmin, Couture, McKinley, Reid, Fombonne, & Gisel, 2009）。研究發現，自閉症者的許多感覺處理問題終其一生都會存在，但可能逐漸習得一些適應策略來處理這些問題，因此兒童期以後其症狀可能改善（Hazen et al., 2014）。

　　Black 等人（2017）研究感覺過度敏感和特定的恐懼症、分離焦慮、

社交焦慮和堅持同一性的關係。結果發現：在七至十七歲的自閉症孩童中，感覺過度敏感和特定的恐懼症、分離焦慮和堅持同一性明顯相關，但與社交焦慮則無關聯；在一般發展的兒童則無此情形。Chistol 等人（2018）發現，在三至十一歲的自閉症孩童中，有感覺處理異常的孩童拒絕食物的種類明顯比感覺處理正常的孩童多，青菜攝取量則明顯較少。因此，建議在處理自閉兒的挑食問題時，需要了解他是否有感覺處理的問題。

Little、Ausderau、Sideris 與 Baranek（2015）分析了六百七十四位五至十二歲的自閉兒之活動參與和感覺症狀的關係。結果發現：自閉程度愈重孩童的活動參與愈少，功能較好、年齡較大、發展較成熟的自閉兒則較常參與活動，例如：有較多機會參與住家以外或社區如學校的活動。在某方面的知覺能力特別強或是特別注意局部細節的孩童，則可能特別適合從事某些活動，如拼圖、繪畫或藝術活動。就反應類型來看，反應過度孩童的活動參與較少，尤其是戶外或社區活動，這樣的孩童更缺少學習調適的機會，以致更減少外出機會，形成惡性循環。反應過低的孩童則戶外或社區活動比家內活動多，可能因為他們較為被動，不會抗議陪同家人外出。喜歡刺激、感覺尋求的孩童則是在家裡的活動比戶外或社區活動要多，可能是因為照顧者基於安全考量所造成的。

Kirby、Williams、Watson、Sideris、Bulluck 與 Baranek（2019）也發現，自閉症孩童若有感覺方面問題，不論是感覺反應過大、過弱，或是有特殊感覺偏好、重複或尋求刺激，其活動參與都比較少，照顧者的壓力也比較大。他們並發現：感覺刺激反應過弱的孩童在三年後，親子居家活動的參與度較低，這組孩童和有特殊感覺偏好的孩童之照顧者感受到較大的外來壓力。他們同時發現：孩童的活動參與量多寡，以及照顧者的壓力程度大小，皆與其接受的服務量呈正相關（Baranek et al., 2019），這可能更加使得孩童和家人沒有時間參與家庭或社區的活動。

Williams、Kirby、Watson、Sideris、Bulluck 與 Baranek（2018）做了一個長期追蹤研究，探究兒童早期的感覺方面問題與之後的適應性行為是否有關。結果發現：不論兒童早期的感覺方面問題是反應過大、過弱，或是有特殊感覺偏好、重複或尋求刺激，都與三、四年後兒童的適應性行為技巧相關。

三、自閉兒的感覺處理問題介入

研究發現，對自閉症者而言，預期中的、可預測的、可控制的，或是自主選擇的刺激比較能夠接受，而非預期的或是超出個人所能控制的刺激，則比較容易產生負面感覺（Ashburner, Bennett, Rodger, & Ziviani, 2013）。因此，有研究者推測自閉症者的重複或固著行為，可能是一種提供其自主控制且可預測的刺激之調適反應（Ashburner et al., 2013; Gomot, Belmonte, Bullmore, Bernard, & Baron-Cohen, 2008）。有證據顯示：每個人有自己獨特的感覺圖譜，最有效的治療及適應策略是因應他們的感覺差異做調整並使其能自我調節，以最大化其日常生活的參與度（Ashburner, Rodger, Ziviani, & Hinder, 2014）。

（一）以感覺整合理論為基礎的介入方式

以感覺整合理論為基礎的職能治療主要有兩種介入方式：感覺整合治療和以感覺為基礎的介入。**感覺整合治療**是在治療室中進行的一種由孩童主導的介入，透過提供孩童適當的感覺刺激及目標性活動，促使孩童做出適當反應，進而提升孩童大腦的感覺處理功能，例如：讓孩童在懸吊器材上擺盪，同時將一個沙包投入指定的目標中。感覺整合治療通常較密集進行，一週最多可能治療三次，須由受過訓練的專業治療師在治療室中使用懸吊器材進行。所以正規的感覺整合治療可能不是所有家

庭都可輕易取得。**以感覺為基礎的介入**則包括許多以感覺整合理論為基礎，可以在個案的生活環境中進行的介入方式。這類介入方式主要是針對感覺處理對個案生活參與的影響，以改善其功能及生活參與，例如：穿重量背心、Wilbarger（1991）的感官刷作法、提供感覺餐，以及安排各類感覺活動等。

（二）以感覺整合理論為基礎的介入效果

Case-Smith、Weaver 與 Fristad（2014）回顧了 2000～2012 年間以自閉兒為對象，提供感覺處理介入的相關研究報告十九篇，其中有五篇是檢驗感覺整合治療的療效，十四篇是以感覺為基礎的介入。感覺整合治療是透過富含感覺刺激、由孩童主導的活動，改善孩童對感覺經驗做出的適當反應。以感覺為基礎的介入則主要是在教室中以單一感覺策略，如穿重力背心或坐治療球，來影響孩童的神經系統警醒狀態。結果發現：感覺整合治療在以「目標達成量表」（Goal Attainment Scale, GAS）為評量工具時，治療組的進步明顯比一般介入的對照組要好，在減少和感覺問題相關的行為方面也有一些效果；而以感覺為基礎的介入則效果不明顯或可能無效，但有可能是受到未遵守建議的作法去執行之影響。值得注意的是，結果證明有效的感覺整合治療介入都是依照手冊執行的，且其介入期間為六至十週。這顯示若感覺整合治療介入的方式正確或適當，可能在三個月內顯現效果。

Pfeiffer、Koenig、Kinnealey、Sheppard 與 Henderson（2011）針對感覺整合治療對於自閉兒的療效進行了一個前驅研究，他們發現由於自閉兒的行為與發展程度之個別差異很大，標準化測驗工具常不能敏銳的反應個案的變化，而且自閉兒常無法依標準化方式完成標準化的測驗。相對的，「目標達成量表」（GAS）是由治療師和家長一起擬定目標，能夠反映出個別個案有意義且相關的職能表現變化，因此非常適合用於

自閉症孩童及職能治療（Case-Smith & Bryan, 1999; Mailloux et al., 2007）。Pfeiffer 等人並針對感覺整合治療的適當頻率、時間與期間有所討論。他們的研究中是採每週三次、每次四十五分鐘，連續六週，總計治療十八次的方式，結果在「目標達成量表」（GAS）的分數上即可看出治療組與對照組的差異。同時也強調依循一個感覺整合治療介入手冊並使用詳實度量測（fidelity measure）（Parham et al., 2007），以確保作法的忠實度之重要性。

Schaaf 等人（2014）針對有感覺處理困難的自閉症兒童（四至七歲）之感覺整合治療，進行了一個隨機對照試驗。他們除了在實驗設計方面盡量嚴謹以外，提供治療的職能治療師除具有感覺整合治療證書、有十二至二十年治療自閉兒經驗外，且須經過三天訓練，學習使用預先擬定的感覺整合治療手冊來介入。他們並使用**詳實度量測**以確保作法的忠實度。此外他們還使用**依數據做決策**（Data-Driven Decision Making, DDDM）的程序（Schaaf, 2015），以能夠針對個案的特殊感覺動作問題設計個別化的介入計畫。但他們也強調這個治療絕不是自閉症的完整治療，而是全面治療計畫中的一部分，其他可能還包括教育、行為及醫療方面的服務。結果發現：接受感覺整合治療的自閉症孩童在「目標達成量表」（GAS）、在自我照顧及社交活動方面需要的協助，以及感覺相關的行為問題都比接受一般介入的對照組孩童明顯進步較多。但在適應性行為方面雖然治療組進步較多，但與對照組的差異不顯著。此結果顯示：確實地依照艾爾絲博士的感覺整合介入原則，經過系統化臨床推理，進行有實證依據的治療，確實能夠對因感覺處理障礙導致的困難產生正面的效果。

Reinoso、Carsone、Weldon、Powers 與 Bellare（2018）針對自閉兒的挑食與食物敏感性之介入方法，回顧了 2000～2016 年期間發表的相關研究。一般認為挑食屬於行為問題，食物敏感則屬於感覺問題。他們

歸納出三種介入方法：漸進式口腔減敏感法（Sequential Oral Sensory）、感覺整合（Sensory Integration），以及區別性增強他種行為（Differential reinforcement of alternative behavior）。**漸進式口腔減敏感法**可同時處理挑食與敏感的問題，是感覺處理障礙基金會新近發表的作法（Sensory Processing Disorder Foundation, 2014）。其作法是由職能治療師使用遊戲的方式先觀察評估孩童對食物的反應，以確定孩童的問題是屬於挑食或是感覺敏感的問題。若是感覺敏感的問題，治療師會將食物分級，依孩童的接受程度，漸進式的透過好玩方式與社會性增強幫助孩童適應。若是挑食的問題，治療師會先選擇一種新的食物用遊戲的方式讓孩童逐漸適應，之後再引導孩童食用，並輔以遊戲或社會性增強。然而到目前為止，相關研究的結果不太一致。**感覺整合**的作法主要是針對感覺敏感的問題，治療師透過滿足孩童的感覺需求，以讓孩童能夠處在一個平靜、警醒的狀態之下來進食，回顧結果發現各個研究的結果也是不太一致。**區別性增強他種行為**主要是以應用行為分析（applied behavior analysis）的方法來處理挑食的問題，大部分研究支持此法有短期的效果，但長期效果的支持則有限。

　　綜合而言，以感覺整合理論為基礎的職能治療介入，若是嚴格遵守艾爾絲博士的感覺整合理論與治療原則，由具有感覺整合治療證書、且有治療自閉兒經驗的職能治療師來進行密集式的治療，確實可改善自閉兒因感覺處理障礙導致的困難。然而，這類矯治性的作法一般家庭不容易取得，而且它並不能處理自閉兒所有的問題。因此除矯治性的作法外，Ashburne 等人（2014）建議以調整與代償的方式來因應孩童的特殊感覺狀況，以擴大孩童的生活參與為目標，幫助孩童學習自我調節的作法，可能可以更直接、快速的解決孩童每日生活中面臨的問題。詳細的作法可參考《幫助自閉症兒的每一天》（羅鈞令、許婷惠譯，2020）。

第九章

結語

　　感覺整合是中樞神經系統隨時隨地在進行的活動，因為能夠整合各種不同的刺激，所以我們才能夠明白事理、舉一反三。如果缺乏感覺刺激、感覺系統障礙，或是中樞神經系統的感覺整合功能不良，都可能影響一個人的發展與學習。感覺整合的理論幫助我們更清楚各種功能是如何發展來的，也讓我們更能理解一些看似聰明、有時卻表現笨拙的孩童問題。

　　感覺整合是人腦的自然現象，但是有個別差異。有的人前庭系統功能特別發達，平衡能力非常好，空間概念可能也比別人強。有的人上下樓梯總是要扶扶手才覺得安全，不敢坐旋轉咖啡杯，更別說雲霄飛車了，但他們的學習及生活適應可能都沒有明顯的困難，所以他們並不一定需要特別的治療。唯有當孩童的日常活動或生活適應上出現困難或問題時，才需要檢討原因，以便對症下藥。

　　對於一般的孩童，了解感覺整合理論的父母，可以提供孩童最好的生長環境，幫助孩童的潛能充分發揮，並不需要給孩童安排特殊的訓練或治療，因為再多的訓練也並不能夠使孩童變得更聰明。反而要注意切勿揠苗助長，把「玩」變成了一項乏味的功課，打消了孩童先天愛玩、愛探索、愛嘗試的內在動機。但是，對於發展上有障礙的孩童，或學習

上有困難的孩童，則需要從各種角度來了解孩童的問題，包括孩童的身心功能（含感覺整合功能）、環境，以及成長經驗。如果懷疑孩童有感覺整合方面的問題，即應找尋合格的職能治療師進行完整的職能治療評估，職能治療師會根據評估結果，建議適當的介入方式。感覺整合治療只是職能治療眾多介入方式之一，若孩童合併有其他診斷或還有行為及心理情緒問題，以及受到外在環境或人為因素的影響時，則常需同時使用多種不同的介入理論與策略，才能夠有效地提升孩童的生活參與。

　　感覺整合理論是所有關心孩童發展與學習的人士不可不知的理論。但是並非每一個孩童都需要接受感覺整合治療，更不是任何問題都能靠感覺整合治療來解決。正確的認識感覺整合為何物，必要時尋求合格專業人員的協助，才是真正關心孩童的作法。

第二部分

活動設計與實施

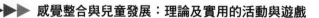

第十章

從感覺整合觀點認識
兒童活動

　　根據皮亞傑的認知發展理論，認知發展是始於感覺動作經驗。艾爾絲博士（Ayres, 1979）也強調，孩童的基本學習能力是透過感覺整合的過程逐漸發展而來的。就像蓋房子一塊磚疊一塊磚地搭建起來一樣，孩童的能力也是一點一滴累積起來的，而且各項能力的發展有一定的順序，例如：孩童要先能夠抗地心引力、維持姿勢，才能夠有完全自主性的動作，也才能進一步發展精細動作的協調能力；孩童要先運用自己的身體，探索自己的身體與外界環境，才能夠建立身體及空間的概念，再進一步學習左右、形狀及各種方位的概念。也就是說，孩童的大腦必須得到各種感覺動作經驗的刺激，加以整合，才能逐漸發展出動作控制、知覺及認知的功能。

　　一般而言，孩童有內在動機驅使其尋求大腦發展所需的刺激，透過自由的玩耍、遊戲或從事有目標的活動，自然就能夠得到足夠的刺激，發展出各項基本動作、知覺及認知功能。然而，有時由於環境的限制，或身體的限制，使得孩童的感覺動作經驗不足；或者由於先天的中樞神經系統功能異常，使得孩童無法接收或有效的處理、運用一般環境或活

動中的刺激，就可能導致孩童的感覺整合功能異常，影響其基本操作及學習能力，包括動作、知覺、心理情緒或認知方面的發展。

任何一個活動都同時提供了多種感覺刺激，例如：整個環境與活動情境的視覺刺激，帶領者或參與活動者的解說或回應等口語及非口語的刺激，從事活動本身通常可能少不了觸覺的經驗、隨著肢體動作所產生的本體覺，以及姿勢變換所得到的前庭刺激等。一個了解感覺整合理論並具有治療孩童的實務經驗之職能治療師，其在觀察孩童的表現時，會從孩童所面對的所有刺激以及孩童的感覺整合發展，來了解其表現所代表的意義。舉例來說，當老師讓一個孩童走 0.3 呎（10 公分）寬的平衡木時，孩童卻遲遲不站上去，直到老師牽著他的手帶他上去；站上平衡木之後，無論老師怎麼鼓勵、催促，他都不敢移動。最後，老師將裝著他最愛吃的葡萄乾罐子放在前方 1 呎（30 公分）處，孩童猶豫再三之後終於移動了幾小步，並得到一顆葡萄乾，於是老師就用這個方法讓孩童走完全程。老師發現，孩童雖然不敢走平衡木，但是在增強物的誘因之下，他就可以走。因此根據學習理論，老師認為雖然開始練習時很花時間，但是只要重複練習的次數夠多以後，孩童就會愈來愈熟練，速度亦會加快。然而，從感覺整合理論來看，這個孩童很可能是尚未發展出駕馭高度及足以勝任在 0.3 呎（10 公分）寬的平衡木上行走之平衡能力。雖然「重賞之下必有勇夫」，但是在懼怕之下走平衡木的經驗不佳，學習效果恐怕也不好，不只花費的時間很長，孩童還可能學習到條件交換的習慣。

感覺整合治療的目的是改善中樞神經系統的感覺整合功能，而非教會孩童做某一個特定的活動，或是學習某種運動技巧。當孩童拒絕，表現出害怕、退縮時，很可能是活動中的刺激不適合孩童或超過他的駕馭能力。有經驗的職能治療師會從孩童的反應，以及對於活動的分析來確認原因，並立即變換或修改活動，以適合孩童大腦的感覺整合能力。以

前述的例子來說，走平衡木的主要挑戰是高度，如果這孩童在平地上可以走直線，表示他的困難是高度的挑戰，是屬於前庭系統功能的問題。因此，可以先讓孩童從事一些提供較多前庭刺激的活動，如翻滾、在平衡板上搖動、在球池中尋找寶物或抓人的遊戲，透過遊戲的設計及孩童的選擇，讓孩童可以在主動且愉快的參與活動中學習駕馭各種前庭刺激，改善其前庭系統功能。當孩童的前庭系統功能改善之後再來走平衡木，就不會那麼恐懼了。

　　本書第二部分之目的是在幫助職能治療師、老師或家長，以感覺整合的觀點來分析、了解活動，並提供感覺整合活動設計與實施的原則，以及許多依據感覺整合理論而設計的活動。這些感覺整合活動有一些共同的特色，就是它們都能夠提供孩童許多不同的感覺刺激，並且有清楚的活動目標，此目標並能夠依孩童的能力而調整，有助於孩童大腦的感覺整合功能之發展，進而發展出好的基本操作與學習能力。

　　對於一般孩童，老師可參考本書中的活動設計與實施原則來設計知覺動作課程，也可以參考本書中提供的感覺整合活動。但是，若懷疑孩童可能有感覺整合功能障礙，就建議家長可帶孩童前往醫療院所接受醫師的診斷，以及專業職能治療師的完整評估，以清楚了解孩童可能有的問題。若確定孩童是有感覺整合功能障礙，則應尋求受過感覺整合治療訓練的職能治療師來提供治療服務。

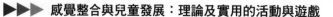

第十一章

從感覺整合觀點分析
兒童的日常活動

　　兒童的日常作息活動包含各種感覺訊息，當兒童能夠注意到刺激並且做出適當反應，就表示他的大腦能夠有效接收、組織及整合各種感覺訊息，理解當前的狀況，滿足個人或環境的需求，例如：當五歲的小強一早到幼兒園的教室時，他會主動的先把水壺從書包中拿出來，放在指定的位置；把餐袋拿出來掛在椅背上，之後再把書包放入他的置物櫃中，然後再脫下外套，掛在門後。這一系列的活動，某些孩童可能講一次就會了，某些孩童則可能講一個月都還學不會。若碰到這種有困難的孩童，老師就需要分析困難的原因，才能夠有效的幫助孩童；若只是一再重複的講就期待孩童應該要學會，可能只會帶給雙方挫折。

　　孩童要完成這一系列到班的活動，不只必須會做每一項單獨的活動，還需要記得活動流程，依先後順序去做。如果其中某些活動的執行有困難，就可能影響孩童對整體活動順序的學習，而其中任何一項活動又都涉及多種感覺刺激的整合。以把餐袋從書包中拿出來掛在椅背上為例，孩童在從書包中拿餐袋時，首先需要在所有東西中認出哪個是餐袋，在取出餐袋時需要同時固定書包，並將書包的口打開；餐袋拿出後

必須記得要掛在哪裡，然後再準確地將餐袋提把掛在椅背的一角上。在做這件事時，教室裡通常還會有其他小朋友及老師在說話、喧嘩或在身旁走動，也可能有老師在一旁提醒、催促，這些都可能是干擾孩童專注力的因素。孩童必須能夠忽略這些干擾因素，並記住活動目標，同時留意每個步驟中需要注意的所有細節，加上要有良好的手眼協調與空間概念能力，並知道步驟的順序，才可能順利完成這個活動。因此，這個看似簡單的到班活動，對於一個感覺整合功能不良的孩童來說，可能是非常具有挑戰性的。

奇哥到班後脫下外套，並將外套掛到門後的掛勾上。

　　正因為每項日常作息活動都需要整合多種感覺訊息來完成，因此都是幫助孩童感覺整合發展的機會。然而，每個人都有自己獨特的感覺圖譜，因此不是所有的活動都適合每一個孩童，對於感覺整合功能不良的孩童而言，則可能都是一項挑戰。家長或老師若是懂得分析活動涉及的感覺刺激成分以及感覺整合功能，當孩童有困難時就可能立即發現問題的癥結所在，並知道如何幫助孩童克服或排除困難。以下就以用餐和洗澡這兩項日常作息為例，分析該項作息涉及的所有活動中所包含之感覺刺激及／或感覺整合功能。雖然每個家庭在進行這兩項作息活動的流程未必完全一樣，但其目的主要是提醒家長從感覺整合的觀點來理解孩童的行為表現或困難。

一、用餐

　　用餐的流程可能包括：洗手、拿碗筷及盛飯、在餐桌前坐好直到用餐完畢、自行取菜或表達食物需求、使用湯匙或筷子進食、平均食用各類食物（不挑食）、進食適量的食物、收拾碗筷或湯匙、刷牙。

步驟	感覺整合
洗手	
開水龍頭	需要知道如何打開水龍頭（各種型式），並有足夠的技巧與力量執行（如將水龍頭轉開）。
把手淋濕之後抹上肥皂或洗手乳	需要知道雙手的每一個部位，包括手心、手背、指間、指甲及手腕（身體概念）；並有好的兩手協調。 需要知道如何按壓出洗手乳，並使用適當的力氣按壓出適量的洗手乳。
搓洗雙手	需有好的手部概念及兩手協調能力，才能確實搓洗到每個部位。
將手上的肥皂沖洗乾淨	需有好的手部概念及兩手協調能力，才能確實洗清每個部位。
關水龍頭	需要知道如何關上水龍頭（各種型式），並有足夠的技巧與力量執行。
用毛巾將手擦乾	需認清哪一條是自己的毛巾（視覺區辨）。 需有好的手部概念及對毛巾的熟悉度，以及兩手協調的能力，才能確實擦乾雙手的每個部位。
將毛巾掛好	需有完整的毛巾概念及手眼協調與計畫動作的能力。
拿碗筷及盛飯	
拿取自己常用的碗筷	知道自己常用的碗筷放在哪兒（對環境的認識）。 拿取自己的碗筷放在適當的位置（空間概念）。
盛裝適當的飯量	知道自己所需的食量（腸胃飽脹感的覺知）。 具備盛飯的技巧，包括力量的控制與兩手及手眼協調的能力，避免把飯粒撒在碗外。
在餐桌前坐好，直到用餐完畢	
主動坐到自己的座位	知道自己的座位並主動坐好（空間概念）。
持續坐在座位上直到用餐完畢	能夠專心用餐，不會受其他刺激吸引或分心去做別的事情（抑制不相關的刺激）。

步驟	感覺整合
自行取菜或表達食物需求	
自行從菜盤中取菜	能夠用餐具自菜盤中取菜（精細動作技巧）。
表達食物需求	能夠用口語或非口語方式表達想要吃哪道菜，請他人協助夾取。
使用湯匙或筷子進食	
使用湯匙或筷子夾取碗中的食物	需要有好的手眼與兩手協調的能力，以及精細動作功能。 具有使用湯匙或筷子的技巧。
使用湯匙或筷子將食物送入口中	需要有好的兩手協調與手—眼—口協調的能力，以及精細動作功能。 具有使用湯匙或筷子的技巧。
將食物攝入口中，充分咀嚼後再吞嚥	有好的口腔動作功能，包括閉唇、咀嚼與吞嚥功能。
平均食用各類食物（不挑食）	
能夠接受各類食物	能夠接受並食用（咀嚼與吞嚥）各種軟硬、粗細、顏色、氣味或口味的食物。 不過於排斥或偏好某些食物。
進食適量的食物	
每餐食量穩定	食量不會因情緒、食物種類或其他因素而有太大的波動（自我調節的能力）。
收拾碗筷或湯匙	
將用畢的碗筷或湯匙拿去洗碗槽	知道放置用畢的碗筷或湯匙之地點（環境或空間概念）。 能同時攜帶所有餐具走到洗碗槽旁。
刷牙	
拿取自己的牙刷並擠上適量的牙膏	知道自己的牙刷位置或認識自己的牙刷（空間概念）。 能夠打開牙膏的蓋子（精細動作技巧）。 在牙刷上擠上適量的牙膏（兩手協調及手眼協調的能力）。
充分刷淨所有的牙齒的每一面	需有對口腔部位（包括牙齒）的完整概念。 需有手—眼—口協調及計畫動作的能力，並具備刷牙的技巧，如貝氏刷牙法。
將牙刷、牙膏歸位	能夠蓋好牙膏的蓋子（精細動作技巧）。 知道自己的牙刷和牙膏放置之位置（空間概念）。

二、洗澡

洗澡的流程包括：找好乾淨的衣物、進入浴室後把乾淨的衣物放在適當的地方，之後放水、調整水溫、脫掉衣物再進入浴缸。進入浴缸後開始清洗全身（或許先玩玩水）、洗好後擦乾全身、擰乾毛巾並掛好、穿上乾淨的衣物，再把水放掉。若是採取淋浴則進入浴室、放好乾淨的衣物後，先脫掉衣褲，再開水、調整水溫，之後清洗全身。每個步驟都又包含一些小步驟，需要不同的能力來執行。

步驟	感覺整合
找好乾淨的衣物	
根據季節、氣溫以及洗澡後的作息活動來判斷合適的穿著	需要整合溫度覺及對季節和作息流程的認知理解。
在櫥櫃中找出適當的衣物	需要結合視知覺的主體背景辨認能力與認知判斷。
把乾淨的衣物放在適當的地方	
須找到乾淨、乾燥、不會被濺濕的地方	除須辨認乾濕或清潔與否外，還需要能夠預想洗澡時水花噴濺的範圍。
依穿著的先後順序置放	需要能夠預想著衣時的先後順序：先穿內衣褲，再穿外衣褲。
放／開水、調整水溫	
先開冷水，再調到適當溫度	需知道哪一邊是冷水、哪一邊是熱水，用手去感覺水溫，同時調節冷、熱水的水量。需有好的動作計畫（程序）之能力。
脫掉衣物	
脫掉上衣：包括套頭或前開扣的衣服，或拉鍊在前／後的衣服	需要有良好的身體概念及肢體運用之能力，以及手指靈活度，並知道解開釦子或拉鍊，以及脫掉衣服的方法或程序與技巧。

步驟	感覺整合
脫掉褲子，包括內、外褲	需要有單腳站立的能力，否則就需要身體靠著牆壁或是坐下來執行。 需有良好的身體概念及手指靈活度，並知道解開褲頭或拉鍊，以及脫掉褲子的方法與技巧。
脫掉襪子	需要有單腳站立的能力，否則就需要身體靠著牆壁或是坐下來執行。 需有足夠的手指靈活度與手指力量。
進入浴缸	
幼兒園的孩童可以趴在浴缸邊攀爬進去，大一點的孩童則可以先單腳跨入浴缸	需要有好的身體及手腳協調之功能。單腳跨入時則需有單腳站立的能力，或是扶著牆壁或浴缸來執行。
在浴缸中維持身體穩定	由於浴缸中的水有浮力，也缺少摩擦力，需有很好的前庭系統功能及身體穩定度才可以維持平衡，不致滑倒。
清洗全身	
將身體打溼	需有好的身體概念及肢體運用之能力，才能顧及身體每個部位。 需要有好的平衡能力，一面維持身體的穩定，避免滑倒。
將身體抹上肥皂，並搓洗乾淨	需有好的身體概念及肢體運用之能力，才能顧及身體每個部位，並有好的平衡能力以維持身體的穩定。 需有好的精細動作能力才能夠一面調整手中肥皂，一面抹遍身體每個部位（否則肥皂容易滑落）。也需要知道如何搓洗並判斷是否洗乾淨了。
將身體上的肥皂洗淨	需有好的身體概念及肢體運用之能力，才能顧及身體每個部位，並有好的平衡能力，以在活動中維持身體的穩定。如淋浴，需要有好的兩手協調能力。
擦乾全身	
離開浴缸	需要有好的身體及手腳協調之功能。若採單腳跨出浴缸時，則需有單腳站立的能力，或是扶著牆壁或浴缸來執行。
用毛巾擦乾全身	需有好的身體概念及肢體運用之能力，憑藉觸覺與視覺來判斷是否每個部位都擦乾了。 需有完整的毛巾概念及觸覺區辨能力，才知道適時換面來擦拭。
擰乾毛巾並掛好	
擰乾毛巾	需要有好的兩手協調能力及力量，並且知道擰毛巾的方法。
將毛巾掛好	需有完整的毛巾概念及手眼協調與計畫動作之能力。

步驟	感覺整合
穿上乾淨的衣物	
穿上上衣	需要有好的身體概念及肢體運用之能力，以及手指靈活度，並知道穿上上衣，以及扣釦子或裝上拉鍊的方法或程序與技巧。
穿上褲子	需要有單腳站立的能力，否則就需要身體靠著牆壁或是坐下來執行。 需有良好的身體概念及手指靈活度，並知道穿上褲子及扣上褲頭與拉拉鍊的程序與技巧。
穿上襪子	需要有單腳站立的能力，否則就需要身體靠著牆壁或是坐下來執行。 需有足夠的手指靈活度與手指力量，並知道穿上襪子的方法與技巧。
把水放掉	
把浴缸的塞子拔起來	需有好的平衡能力以在彎身拔浴缸塞子時，能維持身體的穩定，同時要有足夠的力氣與技巧（正確的使力方向）才能拔起塞子。 需知道先將衣袖拉到一定的高度，以免將手伸入水中時弄濕。

　　每項日常作息活動都需要多種感覺訊息的整合，因此參與日常活動即有助於孩童的感覺整合發展，例如：「使用湯匙或筷子將食物送入口中」，在運送食物的過程中，孩童需維持湯匙的水平，以免食物掉落；食物送到嘴邊時，須及時張嘴並用嘴唇將食物抿入，如果兩者的配合不好，食物就可能灑落，家長必須在一旁提醒並期許孩童盡量避免食物灑落。當孩童學習自己進食時，家長可在一旁觀察。當有食物灑落時，孩童是否會留意到，且更加小心自己的動作，如果孩童完全沒有在意，就需要提醒孩童可努力避免食物灑落。強調「避免食物灑落」的目標即可促使孩童發揮潛能，盡量去做到。食物灑落的數量就是明確的回饋指標，在孩童努力的過程中，他的感覺整合功能即可不斷地向上提升。

　　當孩童的大腦感覺整合功能不良時，他可能無法同時兼顧手—眼—口的動作，以致於總是顧此失彼。家長若觀察到此種情形，即可從旁協助穩定孩童拿湯匙的手，幫助孩童獲得成功的經驗，以提高孩童的動機，之後再嘗試撤掉協助。對於孩童灑落的食物千萬不要責備，因為通常孩童都不是故意的，但是要盡量讓孩童自己負責收拾灑落的食物或是

撿到碗裡（若桌面清潔的話），以賦予孩童責任感並提高其自我警惕的
能力。反之，如果家長沒有要求孩童盡量不要把食物灑落碗外，用餐後
又都是由他人代為收拾、清潔，則孩童就沒有努力的目標，他的手─
眼─口協調也就沒有進步的機會。

第十二章

以感覺整合為主的
活動設計與帶領原則

　　從感覺整合的觀點看活動，是透過活動來理解孩童的中樞神經系統的感覺整合功能如何，並透過活動來改善孩童的感覺整合功能，而非以教會孩童做特定的活動或學習某種技能為目的。然而，如果可以善於利用孩童的日常作息活動，會是最自然有效的方法。遊戲／玩是孩童的日常活動之一部分，對於學齡前幼兒來說，更是主要的活動。因此，我們可以透過孩童愛玩的天性，設計好玩的活動引導孩童來從事，同時促進或改善孩童的感覺整合發展。

　　感覺整合治療的要素之一是孩童的主動參與，當孩童積極參與活動，並有明確的目標時，就會將其所有的潛能充分發揮出來，因此才能夠提升其能力與表現。由於沒有孩童不愛玩，因此遊戲或好玩的活動最能夠吸引孩童投入。然而，並非使用新奇的玩具或器材就一定好玩，而是在於怎麼玩、玩時的氛圍。如果大人希望孩童參與的活動，孩童並不覺得好玩，參與動機不高，即使勉強配合，效果也會不好。

一、遊戲活動的特點

　　活動要好玩有一些基本要素，最主要的三個條件是：(1)內在動機：孩童是因為覺得活動本身好玩，而非因其他外在因素，如有獎品或增強物而參與活動；(2)內在控制：孩童感覺自己可以掌握努力之後的結果，而非受到外界或他人的控制；(3)現實懸置：在遊戲中可以天馬行空，不受現實的約束，例如：孩童可能把樹葉拿來當作是錢幣，或是披上大毛巾假裝自己是超人，而沒有人會笑他傻。此外，孩童覺得好玩通常是享受活動的過程或喜歡參與活動的經驗，並不會太在乎最後的結果（輸贏或分數）。然而，大人有時會因過於在意結果而影響了孩童的玩興。

　　好玩的遊戲通常是有挑戰性的，但其難度是孩童感覺自己可能可以透過努力克服的，例如：孩童在練習投籃時，當他在近距離投籃都可以命中目標之後，他自己就會把距離拉遠來投，給自己挑戰，否則就可能覺得沒有意思了。再者，社會文化或性別角色可能也會影響孩童喜歡的遊戲種類，例如：同儕都在玩彈珠或躲避球，孩童也就會想要玩這些遊戲，雖然他可能不會玩。

二、感覺整合活動的特質

　　促進感覺整合的活動，主要是針對孩童的感覺整合功能狀況，提供孩童所需的感覺刺激，並控制感覺刺激的性質、強度與分量，設定明確的活動目標來引導孩童的大腦組織這些感覺刺激，並做出適當反應，以達成目標。活動目標的難易度或適當性是以孩童的神經系統對於刺激的接受度及整合能力來決定，這通常需要具有專業的知能才足以勝任。但是，家長或老師亦需要具備基本概念，才可以協助孩童在學校或平時在家中的活動參與。下面介紹幾種感覺刺激的特性及運用的要點。

（一）觸覺刺激

　　觸覺刺激若依其對神經系統的影響而分，有輕觸與有壓力的觸覺刺激兩類，其引起的反應可能是完全相反的。以輕觸而言，就像輕搔人癢，會使人的警醒度提升，而觸壓則有安定神經系統的效果。輕觸一般是很輕、刺激面積比較小、接觸時間也比較短的觸覺刺激。如果我們要讓一個昏昏欲睡的孩童變得清醒一些，就可以嘗試使用輕觸的方法去搔他的敏感部位。但若是孩童處於焦躁不安、過度興奮或過動的狀態時，給予輕觸的刺激，就會是火上澆油，會使得問題更加嚴重。觸壓通常是一種穩定的、接觸面積比較廣且有一些壓力、接觸時間也比較長的觸覺刺激。當孩童哭鬧不停或焦躁不安時，媽媽可將孩童緊緊摟著，同時用手拍著或撫摸孩童的臂膀或背部，都可幫助孩童安定下來。

　　身體各部位對於觸覺刺激的敏感度不盡相同，一般而言，身體的腹面比背面敏感，靠近頭部或身體中心的部位會比周圍部位或四肢敏感。此外，全身皮膚較敏感的部位是手臂及大腿內側、身體的腹面、生殖器官、頭頸部及臉部。臉部又以口腔周圍最為敏感。至於提供刺激的方式，由自己主動接觸或可預期的觸覺刺激，會比被他人碰觸或是看不到、無法預期的觸覺刺激更容易接受及處理。

　　當孩童拒絕參與沙箱或手指畫之類以觸覺刺激為主的活動時，家長或老師要能想到孩童可能對於觸覺刺激較為敏感，或有觸覺防禦現象。此時，便可以考慮調整活動的方式，如允許他用工具操作，不宜批評或強迫孩童要與他人用一樣的方法。當孩童熟悉了這個活動與素材，並且看到他人作法之優勢後，就可能會主動嘗試用手來操作了。又如：玩在背上寫字猜謎的遊戲時，若孩童對刺激會感到威脅而出現逃避的反應時，大人可以先按摩一下孩童的背部之後再開始寫字，孩童或許就比較能夠接受。在活動中，當孩童的警醒度逐漸升高時，可以再施以觸壓刺

激來安定其神經系統。

（二）前庭刺激

前庭刺激依其對中樞神經系統的影響來分，亦有兩種截然不同的影響。慢的、規律的、小幅度的前庭刺激（身體包含頭部的移動），例如：輕輕搖動躺在搖籃中的孩童，會幫助孩童安靜下來，漸漸進入夢鄉；快速、不規律，或大幅度的搖晃、旋轉或急衝等前庭刺激，則會提高神經系統的警醒程度，使人興奮或肌肉張力升高，例如：坐電動玩具、搭乘公車或是坐雲霄飛車時。

在提供前庭刺激為主的活動，如坐電動玩具或玩氣墊床、充氣堡壘時，如果孩童會害怕或拒絕參與，大人也要能夠想到孩童可能對於搖晃的前庭刺激較為敏感或感到威脅。此時，可以嘗試抱著他玩（若他可以接受），不宜批評或強迫他去玩。當孩童慢慢熟悉或逐漸可以駕馭這些刺激之後，自然就會喜歡並享受這些刺激。

使用前庭刺激為主的活動時，要留意孩童的承受度。若孩童會害怕嘗試，就需要調整刺激的強度，包括高度、地面的穩定度或搖晃的大小或頻率等，讓孩童可以接受並願意投入其中。隨著孩童承受度的提高，再逐漸調整刺激的強度，逐步地改善孩童的前庭系統功能。最基本且簡單的前庭刺激活動是在地墊上連續翻滾或快速爬行，由於它是貼近地面且是由孩童自己主動行動來產生的前庭刺激，是孩童可以自主掌控的，因此是最不具威脅的活動。家長或老師可以很容易運用翻滾或爬行設計出好玩的遊戲，如用翻滾或爬行的方式比賽運送沙包、以爬行的方式玩官兵抓強盜等。

前庭刺激過量會引起類似暈車的反應，如頭暈、臉色發白或潮紅、冒冷汗、噁心、嘔吐，甚至影響呼吸，可能有生命危險。如有癲癇症狀的孩童，則前庭刺激有可能會引起癲癇發作，可能即時發作或是會延遲

發作；因此在使用以前庭刺激為主的活動時，須先確定孩童沒有癲癇的病史。對於一般孩童，判斷刺激是否過量的基本指標，就是觀察孩童有無出現不適的反應，且尊重孩童的感覺與意願。如果孩童不想玩了，就不要強迫他繼續。

（三）視覺與聽覺刺激

在我們生活的環境中，通常都有許多視覺與聽覺刺激。現在閉上眼睛聽一下，看您能聽到哪些聲音？我聽到有樓下收垃圾的聲音、發動摩托車的聲音、馬路上車流的聲音，以及人們的說話聲……，但是當我自己專心寫作的時候，這些聲音好像不存在。再睜開眼看看四周，你看到什麼？我看到桌上有許多雜物，旁邊的架子上及櫥櫃中也滿是各式各樣的物件，牆壁上則掛著照片和圖畫，就連座位旁邊也堆放著許多書籍，以及帶領各種團體時會使用的工具或素材；但同樣的，當自己專心做一件事時，這些東西好像都不存在。這顯示我的中樞神經系統能夠過濾或抑制不相關的刺激，同時擴大關鍵刺激，讓我能夠專注於重要的事情上。但是，回想我剛搬來這個住所時，這些聲音的刺激確實曾困擾我一段時間，適應之後就可以不受影響了。這表示即使是一個發展成熟的人，面臨一個吵雜的環境時依然會受到干擾，何況是還在發展中的孩童。但是，人有適應刺激的能力，只要有適當的環境與機會，就有可能逐漸發展出調適的功能。

老師或家長若觀察到孩童無法專心於眼前的活動時，不妨留意一下環境，是否有什麼聲音或視覺刺激，吸引了孩童的注意或是讓他分心，例如：旁邊有人在說話、隔壁房間的電視聲、路人經過時的喧嘩聲、宣傳車的廣播聲等。若是有這些情況，就可以嘗試將房門或窗戶關上、請旁邊的人到別處去說話，或是等廣播聲離開以後再繼續活動。這樣一方面可以幫助孩童學習駕馭環境中的刺激，專注於眼前的活動，也可以避

免因為孩童的表現不如預期，而造成雙方的挫折感。

若是孩童的感覺整合功能發展不良，就更容易受到環境的影響。因此，我們需要隨時留意環境中是否有多餘或不必要的刺激，例如：教室的布置、桌面上不必要的物件、黑板上不相干的文字或圖畫等，盡量使環境愈單純愈好。當孩童的專注力與認知及操作能力較佳時，就比較能夠抵抗環境中的干擾刺激。此外，大人也要留意自己的行為、舉動，有些時候大人出於善意的提醒或協助，如果時機或表達方式不當，對於正在專心嘗試或練習的孩童來說，可能會是一種干擾。因此，建議在要嘗試介入孩童的活動之前，應先觀察並看懂孩童的狀態，只要孩童仍在努力嘗試中，就不需要打斷他，即使你覺得他的方法不對。除非觀察到孩童一直重複使用錯誤的方法，且愈來愈失去信心時，才可以嘗試給他一點提示或協助。提示或協助的多寡也是由孩童的反應來決定，如果孩童已經得到了啟發、有了新的想法想要自己嘗試時，大人即可抽離，給孩童自己嘗試的機會。引導孩童從事活動最重要的原則，就是要讓孩童有好的活動參與經驗，不論成功與否，讓孩童體驗到自己的努力與效果才是最重要的。此外，大人也不要忽略了自己的介入時機與方式，包括說話的語氣和音調對孩童可能造成的影響。適當的運用自己，亦能發揮興奮或安定孩童的效果。

三、以感覺整合為焦點的活動帶領原則

根據 Parham 等人（2007）以及 Roley 等人（2007）整理艾爾絲博士的感覺整合治療之基本原則（見第七章），帶領以感覺整合為焦點的活動時，需掌握下列幾點。

（一）使用的活動必須包含大量感覺刺激（尤其是前庭覺、本體覺及觸覺刺激），並且讓孩童有機會將這些刺激和其他刺激（如視覺與聽覺）整合的機會

感覺整合治療之目的是改善孩童的大腦功能，希望它能夠更有效的接受及運用各種感覺刺激，不論任何狀況，都有能力做出最有效的反應。所以首要是活動必須要有**清楚的活動目標**，還要給孩童嘗試錯誤的機會，不要直接教他方法或策略，例如：投球，孩童若丟不遠，可以給他一個目標，但不要教他如何抬手或扭轉身體。當孩童丟中目標時，立即給予肯定，如此孩童會持續揣摩、練習，最後自然會學習到如何運用他的肢體，因應局面做出各種不同的投擲動作。反之，若一開始就教孩童怎麼丟，他只是硬生生的記住這個模式，並未真正學會肢體的運用，之後換了一個環境，他可能仍然做不好。

因此，不必教孩童如何使用其肢體，只需要提醒他活動的目標，並給予清楚適當的回饋，引導孩童朝著目標努力，並肯定孩童的嘗試與努力，維持其興趣，一段時間之後，孩童的活動能力自然會改善。

（二）活動必須要能夠促進情緒與警醒度的調節，幫助孩童保持在參與活動的最佳狀態

任何人在精神不濟或是過於興奮、激動、生氣或沮喪的狀況下，都不可能有好的表現或學習效果。因此，在帶領活動之前，需要先留意孩童的精神與情緒狀況。如果觀察到前述的情形，就需要及時找出可能的原因，予以排除，例如：孩童是否有一些生理需求待滿足，像是肚子餓、疲倦或尿急等；也或許是孩童之前剛經歷了不愉快的事情、對陌生的環境或人感到懼怕或有疑慮，或是孩童容易受到環境刺激的影響等。一定要先處理好孩童的情緒與精神狀況，再開始進行活動，才可能達成預期的效果。在活動進行中也要持續留意孩童的狀況，一旦出現精神不

集中或是缺乏興致的表現時，就要優先處理。若是未注意到或是忽略這些狀況，很可能會導致雙方負面的經驗，並影響孩童對大人的信任。

（三）提供最適挑戰，以誘發孩童的適當反應

所謂最適挑戰，就是能夠讓孩童願意充分投入、發揮出所有潛力的挑戰。挑戰的大小固然要衡量孩童的能力程度，但是還需考慮孩童的心理狀態。一個缺乏自信或是曾經有過許多負面經驗的孩童，可能會比較缺乏面對挑戰的勇氣。即使大人衡量認為是孩童可以勝任的挑戰，孩童也可能不認為自己能夠勝任，因而不願意面對挑戰，或是懷著自己一定做不來的心態去做。在這種情況之下，其結果通常註定是會失敗的。因此，挑戰的大小是否適當，除了預先考慮孩童的能力以外，還要觀察孩童的反應做必要的調整，以孩童願意嘗試並積極投入為原則。有些孩童甚至只願意做他已經會的或有把握的活動，這表示孩童對自己的能力缺乏信心，所以就需要先幫助孩童累積成功的經驗、培養自信，之後他才會有面對挑戰的勇氣。

另一個判斷的指標是觀察孩童參與活動的表現。如果出現紊亂或不是朝向達成目標的行為，就有可能是活動的挑戰或刺激超出了孩童能夠駕馭的極限。此時，大人可先嘗試提醒孩童目標為何，如果情況沒有改善，就需要考慮減少刺激或降低活動的難度。

（四）提供孩童面對不斷變化且逐漸提高複雜度的挑戰，並做出適當反應的機會

隨著孩童能力的進步，活動的種類、複雜度或難易度也需要逐漸提高，如此才可以將孩童的能力向上提升。但是，始終都要以最適挑戰為原則，讓孩童可以獲得成功的經驗，或是誘發出孩童的最大潛能。成功的經驗表示孩童能接收並組織在活動中所提供的各種感覺刺激，並做出適當的（朝向達成目標的）反應。

活動不是愈難愈好，也不是只要苦練，練得夠多就會有效，例如：當一個孩童的平衡能力不好、姿勢不良，遇到需要平衡的活動便做不好時，大人為了要訓練孩童的平衡能力，就可能設計或選擇一些具有挑戰性的活動，如走平衡木。如果孩童做起來戰戰兢兢、小心翼翼的走；或是不認真走，一直從平衡木上掉下來，則可能不會有太大的效果。因為在活動過程中，孩童並沒有真正成功整合環境的刺激，並做出適當的反應，重複的練習頂多只是訓練適應此種環境的輔助性技巧。表面上看來孩童似乎是有進步，但只是走這個平衡木的技巧進步了，這個技巧通常並不能夠類化或應用到其他需要平衡的活動。所以一旦活動改變了，孩童的困難依然存在。

（五）創造一個好玩、孩童感興趣或覺得有意義的環境來吸引孩童主動參與

當孩童主動投入於活動中，才能夠將其潛能充分發揮出來，因此活動必須是孩童感興趣或覺得有意義的，如此才能激發孩童的內在動機與動力。活動的設計與選擇除了要考慮**好玩**的三個要素以外，還必須考慮個別孩童的興趣，這與孩童的過去經驗，以及社會、文化背景有關。在不了解孩童喜好的情況下，可以預先準備幾樣不同的活動讓孩童選擇，選定活動後也可以讓孩童參與活動的設計、情境的布置或規則的訂定，這些都是很好的訓練機會。大人可以由孩童在做選擇與設計活動的過程中，了解到孩童的興趣或喜好，以及孩童的知覺、認知能力。在這樣的過程中，孩童與大人之間是一種相互尊重、互相討論及決策的合作關係，不只可以激發出孩童的主動性與控制／掌握感，也有助於建立孩童與大人之間的信任關係。

（六）因應孩童的反應，即時調整活動／任務、互動方式及環境，以營造一個信任、尊重的氛圍。

孩童的反應是最真實、最直接的。有經驗的專業職能治療師可以從孩童的反應判斷出活動的適切性，並立即做必要的調整，以讓孩童感覺安全、自在，能夠專心投入活動為原則，例如：孩童走在平衡木上運送沙包時，若孩童感到害怕或非常緊張，大人可以告訴孩童也可以用爬的，讓孩子可以選擇自己覺得自在的方式來完成任務。又如：和孩童傳球時，若發現孩童不敢接球，甚至會用手擋球，那麼就不宜繼續這種會讓孩童害怕的玩法。調整的方式包括改用軟質的球及／或調整球的大小、將兩人的距離拉近，並以拋物線的方式丟球給孩童，以放慢球速等。調整後再觀察孩童的反應，若仍未改變，則可再嘗試以彈地的方式將球輕輕彈過去。若孩童仍然無法做出適當的反應，就可能需要考慮坐下來，用滾的方式來玩傳球。

有時孩童的反應也許不那麼直接，他可能說：「我不喜歡這個遊戲。」或說：「好無聊喲！」或可能表現出吊兒郎噹的樣子，讓人誤以為他只是不配合、不願意做。因為孩童也有自尊，要直接承認自己的弱點有時是很困難的，因此我們務必要重視孩童的反應，運用知識與智慧來判斷孩童拒絕的原因，千萬不要漠視孩童的感受，強迫孩童苦練。

留意孩童的反應並即時調整活動或作法，是尊重孩童感受的表現，這可讓孩童感覺到大人了解並重視他，進而對大人產生信任，相信大人是真心要幫助他而不是故意為難他，孩童也會因此比較願意和大人合作。

四、注重全人發展

感覺整合是聚焦於人們整合所有的感覺訊息，並做出適當反應的能力。感覺整合介入的最終目的，是幫助孩童發展學習及適應環境的能力。任何一個適當反應都是感覺整合的結果，然而反過來說，單有好的感覺整合功能卻不足以讓人們做出適當反應，還必須要有良好的做事態度與習慣、價值觀與自我評價。

良好的做事態度與習慣包括積極主動、有始有終、專心一意、不畏艱難、不怕挫折或失敗、一試再試、勇於接受挑戰等，這些習性是靠日常生活中的經驗而養成的。若孩童自小生活散漫、做事漫不經心、有頭無尾，怎能期望他入學後就能夠一改過去的習慣，對於課業變得認真起來呢？因此，在帶領孩童從事活動或玩的時候，也應該留意孩童的態度與習性。若孩童的態度隨隨便便、不認真，在排除了難易度不適當或是不符孩童的興趣等因素之後，若仍無改善，就需要跟孩童確認他是否不想玩了，並幫助他做出決定。若想要繼續玩，就要認真投入，否則就結束活動，並請孩童協助收拾。避免讓孩童養成故意拖延或不配合的行為習慣。

曾經有一位孩童的母親問剛結束治療課出來的孩童：「你有沒有第一名？」孩童原本很高興的要跟媽媽分享好玩的經驗，經媽媽這麼一問，頓時沉默下來。孩童在活動中體驗到的積極、進取與努力，也因媽媽這一問而抵銷掉了。因此，不論是家長、老師或治療師，都需要留意自己的言行舉止可能對孩童的價值觀與自我評價所造成的影響。有些孩童非常在乎輸贏、非常愛面子，或是挫折忍受度較低，這通常可能會阻礙孩童學習的機會。因此，從感覺整合或職能治療的觀點，帶領孩童從事活動時並**不強調結果的好壞或是誰輸誰贏**，而是重視每個孩童的專

心、投入與認真，這些是每個孩童都可以做到的，因此每個孩童都可以透過自己的努力而獲得肯定與成就感。每個人都有進步的空間，不需要跟別人比較。如此可以培養起孩童正向、樂觀的心態，對自己有信心，不畏懼失敗，愈挫愈勇。

　　所以在活動中應該盡量鼓勵孩童去「做」，並肯定他的參與和努力，做不好可以再做，沒有任何的壓力，每個人向自己的能力挑戰，例如：讓三個孩童同時玩投沙包的遊戲時，可以讓他們有各自的紙箱，每個孩童數算自己投進的個數，若孩童不滿意自己的成績，可以一再的練習。他也可以把紙箱調近或調遠，自我練習、自我挑戰。這樣孩童通常都興致高昂，很主動認真的去做，而且會一再要求要「再來一次」。

第十三章

感覺整合活動

　　本章提供許多有助於感覺整合的活動給讀者參考、使用。其中，有些是孩童在日常生活中就可能會接觸到的活動，另一些則是筆者過去在治療訓練兒童時所設計的活動。筆者依活動的特性，將其分為前庭刺激活動、觸覺系統活動、抑制原始反射反應活動、身體概念活動、改善身體穩定度活動、平衡活動、兩側協調活動、手眼協調活動、空間概念活動、計畫動作活動、精細動作活動，以及改善口腔功能活動等十二類。其中，有某些活動可以訓練兩種以上的功能，例如：坐在大球上丟接沙包，既可訓練平衡，又需要手眼協調。這時會依照在發展上功能出現的先後順序，將之歸類在較先出現的一類，因此坐大球的活動就會被歸在平衡活動中。

　　孩童若有重力不安全感、怕高，不敢玩任何會搖晃或旋轉的東西（如鞦韆、旋轉木馬等），可選擇前庭刺激活動來玩。孩童若有觸覺防禦的現象，不喜被碰觸，不喜歡洗頭、剪頭髮或接觸某些材質，例如：毛衣或顏料等，則可選擇觸覺系統活動來玩。若孩童由專業治療師評估為原始反射反應整合不良者，則可由抑制原始反射反應活動中去挑選。其他類別之活動則是以功能訓練為主。若孩童未被診斷為感覺整合功能異常，只是某方面能力較弱，並未嚴重影響其生活適應和學習，家長或

老師可以參考本書，選擇適合孩童年齡及能力的活動來讓他玩。若孩童的問題對其日常生活造成明顯的影響，則應先請專長感覺整合治療的專業治療師評估鑑定後，再依治療師之建議選擇活動。

　　活動編排的順序大致是依其所需能力之強弱，在知覺動作功能發展順序上的先後順序來排列，因此在選擇活動時，可依照活動排列的順序來挑選。但是因為每個活動都涉及到多種能力，因此該順序也並非是固定不變的。此外，有的活動看來似乎很簡單，如翻身或爬行的活動，但若孩童做得不是很順暢，還是可以多做、多練習。因為這些活動雖然簡單，但卻能夠提供孩童大量前庭覺、本體覺和觸覺的刺激，對於建立孩童的身體概念及改善姿勢機制非常有幫助，對於這兩方面發展不佳的孩童，是最基本且有效的活動。同樣的活動，也可以利用故事的加入來變換活動，如爬行傳送沙包，可以假裝是小狗運骨頭或是松鼠撿堅果等遊戲，來提升孩童的興趣。

　　活動中使用的器材並不限於特定的物品，常常是可以就地取材的，如果有特別的規格或要求，於活動內容中都有描述。帶孩童作活動時，把握活動的重點及原則是最重要的，器材的運用則是非常有彈性的。當然，一般安全玩具或設施的考慮是基本常識，亦不可忽略。

　　本章之活動介紹是以感覺整合的角度來分析活動之功能及活動過程中需注意的事項。筆者特別要提醒的是，帶領孩童進行活動時，一定要留意孩童的動機及行為或情緒反應，並做出適當的因應或調整。孩童的主動參與是發揮活動功效的必要條件，因此筆者建議帶領活動者首先應將目標放在引起孩童參與活動的動機與興趣，其次才是改善其感覺整合功能。

前庭刺激活動

體驗不平坦的地面或斜坡

《目的》

挑戰前庭系統，發展姿勢機制。

《活動內容》

讓孩童接觸不平坦的地面或斜坡，鼓勵其自由探索、重複嘗試。適合年齡較小的孩童或是走路不穩的孩童。

《觀察注意事項》

孩童是否害怕不敢嘗試？若是，可從旁誘導、鼓勵，或給予一點支持，提供其安全感。

《活動目標》

孩童可以輕鬆的跨越不同的地面或上下斜坡。

坐會搖晃的器材

《目的》

　　挑戰前庭系統，發展姿勢機制。

《活動內容》

　　讓孩童坐在會搖晃的器材上，挑戰他的前庭系統，激發出他的平衡反應。適合年齡較小、害怕搖晃或是平衡不佳的孩童。

《觀察注意事項》

　　孩童是否害怕不敢嘗試？若是，可先抱著他嘗試，提供其安全感。等孩童熟悉這個刺激之後，就可以獨自嘗試。

《活動目標》

　　孩童喜歡這個活動，並且會自己主動搖晃。

體驗倒栽蔥

《目的》

　　挑戰前庭系統，誘發雙手支撐的保護反應（姿勢機制之一）。

《活動內容》

　　讓孩童趴在一個大滾筒或大球上，大人扶著孩童的背後，並快速的將孩童向前推動，但務必在孩童頭部快接觸到地面之前，將孩童抓住，以免頭部撞擊地面，造成傷害。適合一般幼兒，尤其是對於參與有目的之活動不感興趣的孩童，通常都可能會喜歡這個刺激。

《觀察注意事項》

　　這個活動的關鍵在於速度，速度要夠快才能誘發出保護反應。但是速度太快孩童可能會害怕，因此開始時可先採稍慢的速度，讓孩童熟悉這個活動。之後再視孩童的反應逐漸加快速度。有癲癇病史的孩童不宜使用。

《活動目標》

　　孩童喜歡這個活動，並且會自己主動用腳蹬地、向前栽下。大人一定要隨時戒備、保護，以免孩童頭部撞擊地面，造成傷害。

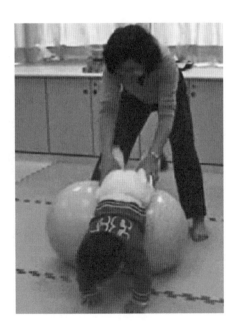

自搖滾筒（一）

《目的》

　　提供前庭刺激，改善姿勢機制。

《活動內容》

　　讓孩童跨坐或趴在一個直徑約一呎半（45 公分）的滾筒上，兩腳或兩手可著地，自己隨意搖擺。下方須鋪著墊子，所以即使由滾筒跌下來也不要緊。可鼓勵孩童感受掉下來的感覺。

《觀察注意事項》

　　孩童是否害怕會動的器材？是否不敢搖動身體？或者很喜歡掉下來的感覺？

《活動目標》

　　孩童不會害怕，或不會特別喜歡這個活動時，就表示這個活動對他已不具挑戰性了！

自搖滾筒（二）

《目的》

　　提供前庭刺激，改善平衡能力。

《活動內容》

　　讓孩童以躺或趴的姿勢在大滾筒中，自己滾動或搖動大滾筒。

《觀察注意事項》

　　孩童是否害怕或喜歡搖晃？搖晃幅度的大小如何？

《活動目標》

　　孩童不會害怕，或不會特別喜歡這個活動時，就表示這個活動對他已不具挑戰性了！

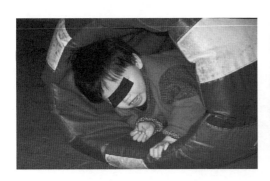

連續翻滾（一）

《目的》

提供前庭刺激，改善身體概念及計畫動作的能力。

《活動內容》

要孩童在墊上連續翻滾運沙包。

《觀察注意事項》

孩童能否順暢的翻滾？翻滾時是否卡卡的或產生很大的聲響？是否可以保持直線滾動？孩童是否會覺得頭暈或無法持續？若孩童感覺頭暈不適就不要勉強他繼續。

《活動目標》

孩童可以在 10 呎（300 公分）長的墊子上以側滾翻的方式，一次運送一個沙包，至少十個。

連續翻滾（二）

《目的》

　　提供前庭刺激，抑制原始反射反應，促進動作計畫的能力。

《活動內容》

　　讓孩童躺在一個中空的海綿滾筒中，頭、手及腳伸出滾筒外，來回翻滾運沙包。

《觀察注意事項》

　　有無頭暈或刺激過量的現象？有無滾動方向不穩定或無法維持直線的現象？若孩童感覺頭暈不適就不要勉強他繼續。

《活動目標》

　　孩童可平順的在一直線上滾動，並保持頭、手及腳在滾筒外面。

坐在大球上彈跳

《目的》

　　提供前庭刺激，改善姿勢機制，尤其是平衡能力。

《活動內容》

　　讓孩童坐在大球上，嘗試上下彈跳。若孩童不敢或不會做，大人可以雙手扶著孩童的肩膀，將其向下壓—放幾次，讓他體驗那個動作的感覺。

《觀察注意事項》

　　孩童能否順暢的上下彈跳？上下彈跳的幅度大小？是否可以保持平衡、穩定？孩童是否會覺得頭暈或無法持續？若孩童感覺頭暈不適就不要勉強他繼續。

《活動目標》

　　孩童可以順暢的上下彈跳，並享受這個活動。

在氣墊床上或充氣城堡裡玩

《目的》

挑戰前庭系統，發展姿勢機制。

《活動內容》

在氣墊床上或充氣城堡裡玩時，由於氣墊的彈性與不穩定的特性，可提供孩童大量前庭刺激。同時它又是一個安全的環境，可以鼓勵孩童盡情的活動，探索、認識自己的身體，有助於身體概念的建立。

《觀察注意事項》

孩童是否害怕不敢移動？若是，可鼓勵孩童先趴下來，用爬行的方式移動，探索環境。等孩童熟悉這個活動之後，他自然會再嘗試其他的姿勢與挑戰。

《活動目標》

孩童喜歡這個活動，可以盡情享受。

懸吊平板或海綿滾筒

《目的》

提供前庭刺激，改善平衡及姿勢機制。

《活動內容》

將一塊平板或海綿滾筒吊在離地 1 呎（30 公分）左右的高度，讓孩童趴或坐在上面，自己搖盪或旋轉，或由大人幫忙搖盪或旋轉。孩童的腳必須可以碰到地面。

《觀察注意事項》

注意孩童有無任何頭暈、冒冷汗、臉色發白、噁心想吐、呼吸急促等現象，若有應立即停止活動。勿勉強孩童旋轉或搖盪，當他想停止時可以自己控制或表達，大人要尊重孩童的感受。若孩童表現出害怕或非常喜歡這個活動，表示孩童需要前庭刺激。

《活動目標》

孩童可以自己上下懸吊器材並搖動或旋轉。孩童沒有害怕或非常喜歡旋轉的現象。

滾筒大戰

《目的》

　　提供觸覺及前庭刺激，改善肢體運用的能力。

《活動內容》

　　兩組孩童分別在教室的兩端，每組各派一人鑽入一個中空滾筒中，大人一喊口令「開始」，兩人同時朝對方滾去，在中間互撞後再滾回自己陣營，換下一人玩。

《觀察注意事項》

　　若孩童感覺頭暈不適就不要勉強他玩。觀察孩童是否很容易地爬進爬出滾筒？方向的控制是否很好，有無不確定方向的現象？

《活動目標》

　　孩童可筆直滾向對方，碰撞後再滾回起點，並沒有害怕的現象。

跳床或搖搖樂

《目的》

透過自主活動來獲得前庭刺激，學習動作計畫與平衡，發展身體概念。

《活動內容》

孩童在搖搖樂或跳床上自主搖動或上下彈跳。

《觀察注意事項》

孩童是否不敢搖動或上下彈跳？若是，可從旁鼓勵，或給予一點支持，提供其安全感。

《活動目標》

孩童可以放手在搖搖樂或跳床上自主搖動或上下彈跳，並會變換各種不同的方式玩。

滑板遊戲（一）

《目的》

　　提供前庭刺激，改善平衡及肢體運用的能力。

《活動內容》

　　讓孩童坐在一個 1 呎（30 公分）平方的滑板上，用腳滑動，在約 10 呎（300 公分）的距離之間來回運沙包。

《觀察注意事項》

　　孩童是否會害怕移動？孩童是否坐在滑板的正中或是偏了一邊？雙腳是交互滑動或是一致性的動作？若有這些情況，只需鼓勵孩童不斷地嘗試，自然會逐漸進步。

　　大腿有無向內夾緊的現象？若有，則要求孩童將兩手放在兩腿中間，抓著板子滑。

《活動目標》

　　孩童可以連續運送至少十個沙包，且人不會從滑板上掉下來。

滑板遊戲（二）

《目的》

提供前庭刺激，提升姿勢張力，改善姿勢機制，以及上肢穩定度。

《活動內容》

讓孩童兩腿盤坐在一個 1 呎（30 公分）平方的滑板上，用雙手滑動來回運沙包。兩端距離至少 10 呎（300 公分）。也可以兩人一組，後面孩童的雙腳跨在前方孩童身上，模擬火車沿著軌道前進。

《觀察注意事項》

孩童是否可以移動？是否會從滑板上掉下來？若是嘗試多次都無法成功，可協助孩童調整重心的位置，引導他雙手放在兩側稍前的位置，並鼓勵孩童嘗試。啟動時可輕推他一下，助其一臂之力。

《活動目標》

孩童可以連續運送至少十個沙包，且人不會從滑板上掉下來。

滑板遊戲（三）

《目的》

　　提供前庭刺激，提升姿勢張力，改善姿勢機制。

《活動內容》

　　讓孩童趴在一個 1 呎（30 公分）平方的滑板上，兩腿伸直，用手滑動來回運沙包。兩端距離至少 10 呎（300 公分）。

《觀察注意事項》

　　移動時，孩童的上半身和下半身是否都可抬離地面？孩童身體的重心（腰部）是否趴在滑板的正中？若否，亦不必糾正，可讓孩童自己體會、調整。孩童的雙腳可否保持伸直並抬離地面？

《活動目標》

　　孩童可以連續運送至少五個沙包，且人不會跌下滑板，腳亦不會拖在地上。

滑板遊戲（四）：轉陀螺

《目的》

　　提供前庭刺激，抑制原始反射反應，提升肢體運用及身體兩側協調的能力。

《活動內容》

　　孩童腹部趴在 1 呎（30 公分）平方之滑板上原地轉圈圈，愈快愈好，直到頭暈了才停止。休息一會兒後可再反方向轉。

《觀察注意事項》

　　孩童可否維持頭、腳抬離地面？兩手可否有效的應用？手有無跨越身體的中線？若孩童感覺頭暈不適就不要勉強他玩。有癲癇病史者不宜玩。

《活動目標》

　　孩童可以快速旋轉，且至少轉五圈。

《變化》

　　孩童也可以坐在滑板上，用雙腳划動轉圈圈。

滑板遊戲（五）：衝斜坡

《目的》

　　提供前庭刺激，提升姿勢張力，改善姿勢機制。

《活動內容》

　　讓孩童趴在一個 1 呎（30 公分）平方的滑板上，兩腿伸直，從斜坡上方的平臺衝下來。可用雙手用力划一下，或是用雙腳蹬後方牆壁衝下。

《觀察注意事項》

　　滑動時，孩童的上半身和下半身是否都可抬離地面或是會用手去剎車？孩童的身體是否穩定或會晃動？是否可以維持小飛機姿勢，直到自然停下？

《活動目標》

　　孩童可以直線、穩定的滑到盡可能最遠的距離。

滑板遊戲（六）

《目的》

　　提供前庭刺激，提升姿勢張力，改善姿勢機制，手眼協調。

《活動內容》

　　讓孩童趴在一個 1 呎（30 公分）平方的滑板上，兩腿伸直，從斜坡上方的平臺衝下來。衝下來時，撿起地上的沙包。

《觀察注意事項》

　　滑動時，孩童的上半身和下半身是否都可抬離地面或是會用手去剎車？孩童的身體是否穩定或會晃動？衝下斜坡時是否可以即時撿起地上的沙包？

《活動目標》

　　孩童可以直線、穩定的滑下斜坡，並撿起地上的沙包。

滑板遊戲（七）

《目的》

　　提供前庭刺激，提升姿勢張力，改善姿勢機制。

《活動內容》

　　讓孩童盤腿坐在一個 1 呎（30 公分）平方的滑板上，從斜坡上方的平臺衝下來。衝下來時，手要去拍到一個懸掛在前方的氣球。

《觀察注意事項》

　　滑動時，孩童能否維持身體穩定、不滑倒？孩童是否會用手去剎車？孩童是否可以拍到懸掛在前方的氣球？

《活動目標》

　　孩童可以直線、穩定的滑下斜坡，並拍到懸掛在前方的氣球。

轉輪盤

《目的》

提供前庭刺激，抑制迷路張力反射。

《活動內容》

孩童們圍坐成一個大圓圈，圓心中有一個孩童趴在滑板上，手腳平舉伸直，由大人撥動其一手或一腳使他像時鐘的指針旋轉，當他停下來時，頭對著誰，就輪到那個人出來轉。

《觀察注意事項》

注意孩童有無任何不適狀況，如頭暈、噁心、臉色發白、冒冷汗或害怕、拒絕等現象。若有，應立即停止，勿勉強他玩。

《活動目標》

孩童可手腳離地在滑板上旋轉約十秒。

空中彈跳

《目的》

　　提供前庭刺激，改善姿勢機制，訓練計畫動作及手腳協調的能力。

《活動內容》

　　用彈性橡皮帶懸吊著一個南瓜鞦韆，離地的高度是孩童坐上去腳可以碰到地的高度。讓孩童跨坐在其上，自己上下彈跳，下方須鋪墊子以保護孩童的安全。

《觀察注意事項》

　　孩童是否坐穩了？大人可協助孩童坐到南瓜鞦韆上去。

《活動目標》

　　孩童可以維持穩定，並使用雙腳使自己在空中彈跳。

草地滾大球

《目的》

　　提供前庭刺激，訓練計畫動作及手腳協調的能力。

《活動內容》

　　一人或兩人鑽入一個透明中空的大球，並設法滾動大球。也可以由他人推動。

《觀察注意事項》

　　孩童會不會害怕？尤其是由他人來推動大球時，務必留意孩童的反應，不可勉強。有癲癇病史者不宜。

《活動目標》

　　孩童可以自由滾動大球，並操控滾動的方向。

觸覺系統活動

熱狗麵包

《目的》

提供觸覺刺激。

《活動內容》

讓孩童平躺或趴在墊子上，上面再蓋一塊墊子，假裝做漢堡。然後由大人往兩塊墊子中假裝塞蕃茄醬、芥末等（可以用沙包或抱枕代替）。最後再用大龍球在墊子上面用力按壓。

《觀察注意事項》

躺在墊子中間的孩童頭部要放在外面，且不要被壓到。若孩童會害怕，就不要強迫他玩。

《活動目標》

孩童喜歡這種有壓力的觸覺刺激，或不排斥。

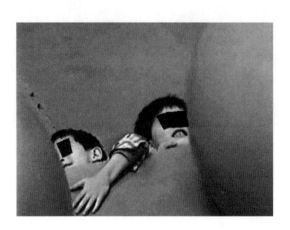

壓馬路

《目的》

　　提供觸覺刺激，有抑制神經系統興奮程度的作用。

《活動內容》

　　讓孩童仰臥或俯臥在墊子上，用大龍球在其身上滾過去或在其身上輕壓。若孩童喜歡這種壓力，可試著再加重一點壓力。

《觀察注意事項》

　　若孩童拒絕，不要強迫他玩。

《活動目標》

　　孩童喜歡或不排斥這個活動。

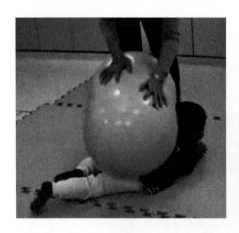

擦乳液

《目的》

　　提供觸覺刺激，減敏感。

《活動內容》

　　替孩童在手、腳、身上或脖子擦乳液，或讓他自己擦，並抹勻。

《觀察注意事項》

　　孩童是否出現逃避、生氣或拒絕的現象，這些現象可能表示他對觸覺刺激較為敏感。若孩童有排斥現象，建議他自己擦，不要強迫幫他擦。

《活動目標》

　　孩童喜歡或不排斥這個活動。

《變化》

　　可以用痱子粉、麵粉，或香粉代替乳液，也可以用海綿或毛巾代替雙手來使用。

觸覺箱

《目的》

提供手部觸覺刺激。

《活動內容》

用一個大收納箱裝七分滿的乾燥豆子或通心粉，再將孩童喜歡的玩具或彈珠埋進觸覺箱中，鼓勵孩童把它們找出來。

《觀察注意事項》

孩童若有任何害怕、逃避或拒絕的反應，大人可以先示範，或是讓玩具露出一點點吸引他去找。不要強迫孩童做。

《活動目標》

孩童能自在地翻找出玩具或彈珠。

《變化》

可以讓孩童自己將玩具或彈珠埋進觸覺箱中，讓他人去找。

洗泡泡澡

《目的》

提供觸覺刺激，建立身體概念的能力。

《活動內容》

讓孩童進入球池，假裝洗泡泡澡。必須洗到全身每一個部位，包括：手、腳、腿、手臂、前胸、後背、肚子、肩膀、脖子及頭、臉等部位。洗好後離開球池，再用毛巾假裝擦乾全身每一個部位。

《觀察注意事項》

孩童若有任何害怕、逃避或拒絕的反應，建議從手、腳開始洗或擦，不必強迫一定要全身都洗或都擦拭。若孩童很喜歡這個活動，也表示他仍然需要這種刺激。

《活動目標》

孩童能接受擦洗全身，不會有不舒服或排斥的反應。

《變化》

可以讓孩童在球池裡翻找寶藏。對觸覺刺激非常敏感的孩童，可以從洗澡開始，在水盆中拿毛巾擦著玩。

觸覺系統活動

做繭自縛

《目的》

提供觸覺與前庭刺激，改善計畫動作的能力。

《活動內容》

讓孩童躺在毛毯的一端，將毛毯裹在身上，再滾向另一端，以便讓毛毯把身體包起來。然後，由大人從毛毯的尾端快速拉高，讓孩童自然滾動，從毛毯中脫身。

《觀察注意事項》

孩童有無抗拒、害怕或焦慮的表現？若孩童害怕滾動太快，拉高毛毯時的速度可放慢一點。有癲癇病史者不宜。

《活動目標》

孩童可以自己用滾動的方式將自己用毛毯裹起來，且可以用滾動的方式將自己鬆開。

小狗打滾

《目的》

　　改善計畫動作及空間概念的能力。

《活動內容》

　　讓孩童躺在墊子或毛毯上，以側滾翻的方式運沙包，或循聲滾到特定的目標。

《觀察注意事項》

　　孩童是否會遲疑或滾錯方向？注意，不需要教孩童如何滾，只需要提醒他目標。

《活動目標》

　　孩童可以用自然有效的方式，滾到任何目標。

觸覺系統活動

滾大冬瓜

《目的》

提供觸覺刺激，訓練肢體運用的能力。

《活動內容》

讓孩童躺在包覆毛氈的滾筒中，循聲滾向指定的方向，或來回運沙包。

《觀察注意事項》

孩童是否會遲疑，不確定要如何滾？或滾不動？若孩童滾不動，可輕推一下滾筒給予引導。

《活動目標》

孩童可以快速有效地滾向指定的方向，或變換方向。

《變化》

可以在地上鋪設斜坡、低矮的障礙物等，以增加阻力。

鑽過彈性隧道

《目的》

　　提供觸覺刺激，改善身體概念及空間概念的能力。

《活動內容》

　　讓孩童鑽過一個彈性隧道，來回運送沙包。

《觀察注意事項》

　　孩童是否會找不到方向，出現紊亂的動作或行為，或不確定要如何出來？孩童是否會因為看不見而緊張、害怕？此時可在洞口前方喊他，給予聲音的提示及安全感。

《活動目標》

　　孩童可以快速有效地爬出隧道。

<u>坐魔毯</u>

《目的》

　　提供觸覺刺激，提升身體穩定度及計畫動作的能力。

《活動內容》

　　讓孩童坐在一條大毛毯上，由另一個孩童拉著他在室內移動，繞過障礙物。

《觀察注意事項》

　　孩童有無逃避、害怕的反應，或不喜歡這個活動？

《活動目標》

　　坐魔毯的孩童沒有特別排斥這個活動，並可維持身體穩定。拉魔毯的孩童可以拉著坐魔毯的孩童順暢地在室內繞行。

瞎子摸象

《目的》

　　提供觸覺刺激，改善身體概念。

《活動內容》

　　讓一個孩童用毛毯將自己遮蓋起來，由大人或另一個孩童來摸，並猜猜看摸到的是他身體的哪一個部位。亦可將要摸人的孩童雙眼矇上後再開始摸，如此可增加更多觸覺刺激。

《觀察注意事項》

　　孩童有無排拒現象或很喜歡這個活動？孩童是否會抱怨好扎、好癢或好熱？孩童是否可以安靜的讓別人摸或是會亂動？注意不可有不當的拉扯或拍打。夏天若無冷氣，矇在毛毯裡會很熱，較不適宜。

《活動目標》

　　孩童沒有特別喜愛或排斥的反應，且能安靜的讓別人摸。摸人的孩童可以猜出摸到的部位。

糊壁紙

《目的》

提供觸覺刺激，改善計畫動作的能力。

《活動內容》

靠牆壁站立，以身體當做滾筒貼著牆壁滾動，好像在糊壁紙。先向一個方向，然後再反方向滾回起點。

《觀察注意事項》

注意孩童的頭不要去撞到牆。孩童有無任何情緒或口頭上排拒的反應。

《活動目標》

孩童能夠維持上半身貼著牆壁轉動，且動作協調，不會去撞到牆。

毛毛蟲

《目的》

　　提供觸覺刺激，改善身體概念及計畫動作的能力。

《活動內容》

　　讓孩童躺在地墊上，學毛毛蟲或蛇一樣爬行。

《觀察注意事項》

　　孩童是否有特別喜歡或排斥此活動的現象？

《活動目標》

　　孩童能夠嘗試用不同的方式有效的前進或後退。

《變化》

　　可在不同的地面上做，如舖有地毯或毛氈的地面。

玩水

《目的》

　　提供觸覺刺激，減低身體對觸覺的過度敏感。

《活動內容》

　　讓孩童打赤腳玩水。可以準備一些道具，如容器、水瓢等。

《觀察注意事項》

　　孩童若有排斥的情形，可讓他先看別人玩。夏天較適合。若衣服弄濕，要避免孩童受涼。

《活動目標》

　　孩童可以盡情的玩水。

玩沙

《目的》

　　提供觸覺刺激，減低身體對觸覺的過度敏感。

《活動內容》

　　讓孩童打赤腳在沙坑中玩。可以準備一些道具，如容器、鏟子等。

《觀察注意事項》

　　孩童若有排斥的情形，可讓他先看別人玩。夏天較適合。

《活動目標》

　　孩童可以盡情的玩沙。

《變化》

　　可讓孩童將自己的手腳埋進沙中。

蒐集花草、樹葉

《目的》

　　提供觸覺刺激，減低身體對觸覺的過度敏感。

《活動內容》

　　讓孩童在公園中蒐集花草、樹葉。可以玩辦家家酒的遊戲。

《觀察注意事項》

　　孩童若有排斥的情形，可讓他先看別人玩。

《活動目標》

　　孩童可以盡情的玩。

徒手作畫

《目的》

　　提供觸覺刺激，減低身體對觸覺的過度敏感，提高手指靈活度。

《活動內容》

　　在顏料中加入漿糊，攪拌均勻後，讓孩童用手沾顏料作畫。也可用腳作畫。

《觀察注意事項》

　　孩童若有排斥的情形，可讓他先觀察他人作畫，或想一個有趣的主題吸引他畫。

《活動目標》

　　孩童可以用手沾各種塗料作畫，無排斥反應，如逃避、害怕或口頭拒絕等。

觸覺系統活動

拓印樹葉

《目的》

　　提供觸覺刺激，訓練兩手協調與手指力量的能力。

《活動內容》

　　選擇脈絡明顯的樹葉，讓孩童先將樹葉的一面塗上顏料，之後再將樹葉有顏料的那面蓋在紙上，用雙手去用力壓遍整片樹葉，讓樹葉上的顏料拓印在紙上。

《觀察注意事項》

　　在拓印時，須留意孩童是否可以固定樹葉的位置。若拓印的不完整，可協助孩童再印一次。

《活動目標》

　　孩童可以拓印出完整的樹葉形狀。

摸摸看、比比看

《目的》

　　訓練觸覺區辨的能力。

《活動內容》

　　分別使用不同粗細的繩子、不同輕重的圓球（如木球與鐵球）、不同厚薄的木板、軟硬不同的球（如海綿球與木球）、平滑的墊板與砂紙等，要孩童閉上眼睛用手摸，並比較出兩者之不同。

《觀察注意事項》

　　孩童有無排斥現象，如拒絕或不敢摸。

《活動目標》

　　孩童至多嘗試兩次即可猜對。

触覺系統活動

猜猜看（一）

《目的》

訓練觸覺區辨的能力。

《活動內容》

將黏土、麵糊、漿糊或乳液等不同黏稠度的素材放在不同的容器中，要孩童閉著眼睛用手去摸，並猜猜看是什麼？可以預先讓孩童知道有哪幾種素材。

《觀察注意事項》

孩童有無排斥現象，如逃避、害怕或口頭拒絕等情形？

《活動目標》

孩童至多猜二次即可猜對。

猜猜看（二）

《目的》

訓練觸覺區辨的能力。

《活動內容》

將幾件常用或常見的物品，如湯匙、鑰匙、筆、橡皮擦、小球、夾子、錢幣等物品放入一個紙箱中，要孩童伸手去摸，並猜出手中摸到的物品為何？

《觀察注意事項》

孩童有無排斥現象，如逃避、害怕或口頭拒絕等情形？

《活動目標》

孩童至多猜三次即可猜對。

《變化》

1.若無法直接說出物品名稱，可用圖片讓孩童指認。

2.可將不同形狀的積木，如正方形、三角形、圓形、星形、長方形等放入箱中，讓孩童用手摸來猜，再用圖片讓孩童指認。

觸覺系統活動

猜猜看（三）

《目的》

訓練觸覺區辨的能力。

《活動內容》

用手指在孩童的背上寫 0～9 其中的一個數字，讓孩童猜。

《觀察注意事項》

孩童有無排拒現象？身體一直扭動，抱怨好癢或會痛？若有這些現象，大人可以用手掌在孩童背上擦拭幾下再試。宜用第一指節來寫，不可用指甲或指尖。

《活動目標》

孩童可以安靜的讓大人在背上寫字，並猜出是何字。

《變化》

若是學齡兒童，也可以寫注音符號，或筆畫簡單的字，讓孩童猜。

抑制原始反射反應活動

飛機滑行（一）

《目的》

　　抑制迷路張力反射，提升姿勢張力。

《活動內容》

　　讓孩童趴在 1 呎（30 公分）平方的滑板上，頭腳離地，雙手抓著一節粗繩，由大人拉著前進或繞圈滑行。

《觀察注意事項》

　　孩童有無害怕的現象？雙腳可否維持平舉伸直？

《活動目標》

　　孩童可以維持小飛機姿勢（頭腳離地）由大人拉著走，而且沒有害怕的反應。

飛機滑行（二）

《目的》

　　提供前庭刺激，提升姿勢張力，抑制迷路張力反射。

《活動內容》

　　讓孩童趴在 1 呎（30 公分）平方的滑板上，頭腳離地，用雙手划行前進，在滑行時雙腳需離地並平舉伸直。

《觀察注意事項》

　　孩童是否能將滑板擺在適當的位置（腹部），以使身體平衡於其上？

《活動目標》

　　孩童可以將身體平衡在滑板上，頭腳離地，用手滑行 10 呎（300 公分）遠。

抱球翻滾

《目的》

　　提供前庭刺激，抑制頸部張力反射。

《活動內容》

　　讓孩童躺在墊上，雙手抱著一個排球大小的球，高舉過頭。要孩童由墊子的一端滾到另一端再滾回來，球不可以鬆掉。

《觀察注意事項》

　　有無頭暈刺激過量的現象？球是否經常滾走？孩童可否滾一直線？

《活動目標》

　　孩童可以把球抱在頭部上方，在 10 呎（300 公分）長的墊子上來回滾動至少五次，並且維持一直線翻滾。

《變化》

　　可以要孩童雙膝夾著一個沙包滾，沙包不可以掉下來。

原地滾球

《目的》

抑制迷路張力反射，提供前庭刺激，改善姿勢機制。

《活動內容》

讓孩童拉著大人的雙手，趴在大治療球（直徑約2～3呎，約60～90公分）上，身體伸直，由大人帶動孩童前後、左右或繞圈滾動大球，也可由孩童主動拉大人的手來滾動大球。

《觀察注意事項》

孩童是否會害怕趴在大球上，或害怕搖動。有癲癇病史者不宜。

《活動目標》

不論如何滾動，孩童均能將頭、手及腳抬高，並維持平衡至少三分鐘。

《變化》

可依孩童的身長及反應來變化球的大小、搖動的幅度及速度。

搖搖船

《目的》

抑制迷路張力反射，提供前庭覺及本體覺刺激，並改善身體概念及身體兩側協調的能力。

《活動內容》

讓孩童躺在地上，兩手抱膝，身體屈起成球狀，前後搖動二十下，或左右側翻二十下。

《觀察注意事項》

孩童兩手是否可以抓牢不鬆開？有無任何前庭刺激過量的現象？動作是否笨拙或不協調？

《活動目標》

孩童可以協調的前後或左右搖動身體。

《變化》

趴著，兩手向後握住雙腳腳踝，頭部抬起，前後搖動二十下。但此活動勿與身體前屈接著做。

小狗叼肉

《目的》

抑制頸部張力反射。

《活動內容》

讓孩童以爬行的方式，用下巴及一側肩膀夾著一個沙包，由屋子的一端運到另一端。左側或右側肩膀可輪流使用。最好在路徑的兩側畫有界限，以便孩童可以看著路線爬。

《觀察注意事項》

不可低頭將沙包夾在胸前。注意孩童是否可以控制方向，沙包是否經常掉下，或失去平衡，甚至跌倒。

《活動目標》

孩童可以將頭轉向一側夾住一個沙包，用爬行的方式前進 15 呎（450 公分）。

過山洞

《目的》

訓練身體概念，抑制頸部張力反射。

《活動內容》

將孩童分作兩組，一組人面牆站立，右手（或左手）向前伸直放在牆上，使身體與牆呈十五度角，左手（或右手）插在腰上，同時頭轉向左側。另一組人由左（或右）側鑽過此一人牆所築成的山洞，但不可碰到牆壁及人牆。

《觀察注意事項》

孩童可否維持一手撐牆、一手插腰的姿勢？碰到牆壁或被人碰到時是否有感覺？對於碰觸有無排拒或敏感現象？

《活動目標》

孩童可以維持一手撐牆、一手插腰的姿勢至少三十秒，而且對於被碰觸沒有排斥現象；孩童可以通過山洞而不會碰到牆壁及人牆。

烤乳豬

《目的》

抑制迷路張力反射。

《活動內容》

讓孩童趴在懸吊著的滾筒上，手腳抱緊滾筒，大人將他轉成倒掛在滾筒下面，再緩緩轉動滾筒，好像在烤乳豬一樣。下方要鋪墊子。

《觀察注意事項》

滾筒離地的高度只要剛好可以在其下容納一個人的高度。旋轉的速度可以依孩童的喜好或要求而定。

《活動目標》

孩童可以維持倒掛在滾筒下至少十秒鐘。

飛行投擲

《目的》

抑制迷路張力反射，改善手眼協調的能力。

《活動內容》

讓孩童橫趴在吊網上像小飛機一樣（頭、手及下肢需抬起），前後擺盪吊網，讓孩童在擺盪中嘗試撿起前方地上的沙包，或是將沙包投擲到前方 5 呎（150 公分）遠的紙箱中。

《觀察注意事項》

吊網需托在孩童的身體重心處。孩童若無法抬起頭、手及下肢，可將吊網拉開，托住由腋下到大腿部位。觀察孩童有沒有害怕或頭暈的現象。

《活動目標》

孩童可以維持此姿勢至少三分鐘，對於搖晃沒有害怕的反應。

《變化》

也可以讓孩童趴在懸吊著的平板上玩同樣的遊戲。能力較好的孩童，可以讓他自己以手著地來盪高之後再投擲。

原地轉圈

《目的》

抑制頸部張力反射，訓練計畫動作的能力。

《活動內容》

孩童以一手支撐地面，身體伸直與地面形成一個夾角，另一手插腰，同時面朝上。以手為支點，兩腳繞圈行走。順時針及反時針方向輪流做。

《觀察注意事項》

孩童是否可以維持面朝上，手插腰？動作是否協調？支撐的一手是否可以維持伸直？

《活動目標》

孩童可維持一手支撐、一手插腰，同時面朝上的姿勢繞行三圈。

汎舟過河（一）

《目的》

抑制迷路張力反射，訓練計畫動作及身體兩側協調的能力。

《活動內容》

將一條 15 呎（450 公分）長的粗繩兩端固定在兩側牆壁上，高度離地 1 呎半（45 公分）。讓孩童仰躺在滑板上，雙腳抬高，交叉於繩子上方，頭部向上抬起或夾著一塊海綿。以雙手攀繩而行，由繩索的一端滑到另一端再倒退回來。

《觀察注意事項》

孩童可否維持雙腳伸直並離地，維持身體平衡？兩手的動作是否協調？頭部是否維持直立？

《活動目標》

孩童可以維持上述姿勢，並前進或後退滑行 15 呎（450 公分）。

《變化》

可將粗繩用粗的橡皮帶取代，以增加難度。

抑制原始反射反應活動

185

汎舟過河（二）

《目的》

抑制迷路張力反射，訓練計畫動作及身體兩側協調的能力。

《活動內容》

將一條 15 呎（450 公分）長的粗繩兩端固定在兩側牆壁上，高度離地 1 呎半（45 公分）。讓孩童趴在滑板上雙腳伸直並離地，雙手攀繩而行，由繩索的一端滑到另一端再倒退回來。

《觀察注意事項》

孩童可否維持雙腳伸直並離地，維持身體平衡？兩手的動作是否協調？頭部是否維持直立？本活動不要與「汎舟過河（一）」接著進行。

《活動目標》

孩童可以維持上述姿勢，並前進或後退滑行 15 呎（450 公分）。

《變化》

可將粗繩用粗的橡皮帶取代，以增加難度。

滑行中接沙包

《目的》

　　抑制迷路張力反射，訓練計畫動作及身體兩側協調的能力。

《活動內容》

　　讓孩童趴在一個 1 呎（30 公分）平方的滑板上，兩腿伸直，從斜坡上方的平臺衝下來。衝下來時，用雙手接住一個丟給他的沙包。沙包投出的高度，約在孩童的頭部；速度不要太快，最好在孩童滑行至一半時丟出，讓孩童有時間做反應。

《觀察注意事項》

　　滑動時，孩童的上半身和下半身是否都可抬離地面或是會用手去剎車？孩童的身體是否穩定或會晃動？是否可以雙手一起或是以單手接住沙包？

《活動目標》

　　孩童可以直線、穩定的滑下斜坡，並用雙手接住沙包。

泰山

《目的》

抑制迷路張力反射，促進身體運用及計畫動作的能力。

《活動內容》

由屋頂或高處懸吊下一根繩索、吊環或橫槓，要孩童抓著繩索像泰山一樣，將身體彎起來，兩腳向前穿入吊在前方的大輪胎或紙箱中。

《觀察注意事項》

孩童可否將身體勾起來？兩腿有無向前抬起？可否穿過大輪胎或落在固定的紙箱中？

《活動目標》

孩童可以雙手抓牢繩索，並彎起身體穿入前方的大輪胎或跳入一個兩呎（60公分）高的紙箱中。

《變化》

若穿入吊在前方的大輪胎或紙箱中對孩童太難，可在前方置一塑膠圈，要孩童落在其中。

身體概念活動

車夫

《目的》

改善身體概念及計畫動作的能力。

《活動內容》

讓孩童推或拉重物。

《觀察注意事項》

孩童是否喊重？孩童是否能有效的應用肢體？

《活動目標》

孩童可以有效的推動五公斤重物，如木箱、推車等，能推 10 呎（300 公分）遠。

游泳

《目的》

改善身體概念及計畫動作的能力。

《活動內容》

用軟墊鋪在地上，假裝是游泳池，要孩童由池子的一端，用腹部貼地的方式，游到另一端。上岸後用毛巾假裝擦乾全身，包括：手、腳、腿、手臂、前胸、後背、肚子、肩膀、脖子及頭、臉等部位。

《觀察注意事項》

孩童若有任何反抗、逃避或拒絕的反應時，仍需鼓勵其嘗試，但不要強迫幫他擦，最好讓他自己擦。

《活動目標》

孩童可以用自然有效的方式游到對岸，且不排斥用毛巾擦拭全身。

《變化》

可以在不同性質的表面上進行此活動，如草地、斜坡、毛毯或紙板等。

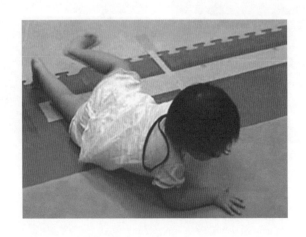

小狗鑽洞（一）

《目的》

改善身體概念的能力。

《活動內容》

用小課桌椅當作山洞，也可用中空滾筒或幾何模型架做成障礙關卡，讓孩童設法通過障礙，來回運送沙包。

《觀察注意事項》

孩童是否能很輕鬆的過關，或者不知如何鑽過去？孩童是否會撞到桌子或架子？

《活動目標》

孩童可以自然快速地鑽過各種障礙物。

《變化》

亦可要孩童由桌子上面或攀越過大滾筒來拿取沙包。

身體概念活動

小狗鑽洞（二）

《目的》

改善身體概念，訓練計畫動作的能力。

《活動內容》

將孩童分成兩組，一組人手腳撐著地，腹部拱起來做成一個個小洞，每人間隔 3.5 呎（100 公分）。另一組孩童裝做小狗，鑽過這些小洞，但不可以碰到洞的邊緣。

《觀察注意事項》

若碰到了洞緣，孩童是否能夠感覺到？

《活動目標》

孩童可以維持手腳撐地，腹部拱起的姿勢至少三分鐘，或者鑽過小洞身體不會碰到洞邊。

《變化》

可用小課桌當作障礙物來鑽爬。

老鼠鑽洞

《目的》

改善身體概念及空間概念的能力。

《活動內容》

將孩童分成兩隊,一隊(至少四人)手拉手圍成一個圓圈站立,雙腳打開亦圍成一個圓圈。在圓圈中央放置些沙包。另一組孩童需鑽過手腳之間的洞洞進去拿沙包出來,不可以碰到別人。

《觀察注意事項》

圍圓圈的孩童兩手必須平舉。鑽洞的孩童可否判斷洞的大小,並適當的彎低身子?有無不適當的轉圈或碰撞?

《活動目標》

孩童可以不碰到別人的手或腳順利進出圓圈取沙包。

身體概念活動

綁鉛帶

《目的》

促進運動覺、身體概念及運用的能力。

《活動內容》

當孩童做大動作的活動或做體操時，在其兩手腕或腳踝綁上半公斤～一公斤的鉛帶。

《觀察注意事項》

孩童的動作是否變得笨拙？平衡是否受到影響？

《活動目標》

孩童可以做出正確的動作並維持穩定。

噴射機

《目的》

　　提供前庭刺激，改善身體概念與計畫動作的能力。

《活動內容》

　　讓孩童趴在一個 1 呎（30 公分）平方的滑板上，頭、手抬離地面，用雙腳蹬後方牆壁讓自己像子彈一樣衝出去，看可以衝多遠。

《觀察注意事項》

　　孩童是否能有效的使用雙腳？孩童是否將滑板擺在身體的中心？孩童衝出去時可否保持平衡？是否會用手去剎車？是否可以維持小飛機姿勢直到自然停下？

《活動目標》

　　孩童可以運用雙腳踢牆衝出去，使自己衝出至少 10 呎（300 公分）遠。

身體概念活動

軟骨功

《目的》

改善身體概念及計畫動作的能力，並提供觸覺刺激。

《活動內容》

用一條橡皮管，兩端綁在一起做成一個橡皮圈，要孩童將橡皮圈由頭套下去，由腳下方拿出來。或者由腳套進去，由頭部拿出來。

《觀察注意事項》

孩童是否能很順暢的將橡皮圈套過身體？是否會重複拉扯或使用蠻力？

《活動目標》

孩童可以經由試誤，順利的將橡皮圈套過身體。

《變化》

1.可以將孩童的雙眼矇住來做這個活動。

2.橡皮圈的大小可依孩童的能力稍做調整。

花式走路

《目的》

　　改善身體概念及計畫動作的能力。

《活動內容》

　　鼓勵孩童用不同的方式走路，如跪行、用臀部走路，或用一腳及一膝走路等。

《觀察注意事項》

　　孩童是否能很快就學會用各種方式走路？是否動作笨拙？

《活動目標》

　　孩童可以很快的學會或想出不同的走路方法。

身體概念活動

穿脫衣物

《目的》

　　改善身體概念及計畫動作的能力，並提供觸覺刺激。

《活動內容》

　　讓孩童自己嘗試穿或脫衣物。如果嘗試多次仍不得要領，可提醒孩童衣服的部位，如告訴他哪裡是衣領、哪裡是袖子，讓孩童再試。若仍不得要領，可再提醒孩童一手提著衣領，將另一手穿入衣袖。

《觀察注意事項》

　　孩童是否能看得懂衣物的裡外、上下及左右？是否知道從何處穿起？

《活動目標》

　　孩童可以經由試誤，順利的將衣物穿上或脫下。

穿戴面罩

《目的》

改善身體概念及計畫動作的能力。

《活動內容》

讓孩童自己嘗試穿戴面罩。如果嘗試多次仍不得要領，可示範給孩童看，讓孩童再試。若仍不得要領，可碰觸孩童的耳朵，引導他去摸索。

《觀察注意事項》

孩童是否知道耳朵在哪？是否知道如何將橡皮筋掛上耳朵？是否能夠將眼睛對到洞口？

《活動目標》

孩童可以經由試誤，順利的將面罩戴起來或透過洞口看出去。

身體概念活動

199

大水缸搬家

《目的》

　　改善身體概念及計畫動作的能力。

《活動內容》

　　讓孩童站在中空滾筒中間，抬著滾筒走路，愈快愈好。

《觀察注意事項》

　　孩童是否能抬起滾筒？移動時能否不跌倒？

《活動目標》

　　孩童可以順利的行進至少 8 呎（240 公分）。

改善身體穩定度活動

手推車

《目的》

　　改善上肢之穩定度及身體兩側協調的能力。

《活動內容》

　　由一人抬著孩童的兩條腿，讓他用手走路，沿著一定的路線前進。

《觀察注意事項》

　　孩童可否維持兩臂伸直的姿勢？是否喊累？是否能協調地運用兩手？

《活動目標》

　　孩童可以用手走路至少三十秒。

改善身體穩定度活動

手拉車

《目的》

改善身體穩定度及計畫動作的能力。

《活動內容》

讓孩童坐在一塊厚一點的布或硬紙板上，由另一個孩童拉著向前走。

《觀察注意事項》

孩童可以維持坐直的姿勢，身體不會太緊張。拉人的孩童是否懂得將身體重心放低，適當的運用肢體去拉動和自己體重差不多的同伴。

《活動目標》

孩童可以穩定放鬆地坐在布或紙板上任人拉動而不會倒。拉人的孩童可以拉動和自己體重差不多的孩童至少 5 呎（150 公分）遠。

互推滾筒

《目的》

　　促進肌肉拮抗作用及肢體運用的能力。

《活動內容》

　　讓兩個孩童站在一個大滾筒的兩側，互相向對方推大滾筒。大人可在地上劃一條中線及邊界，若一方將大滾筒推超過了中線，就算贏了。

《觀察注意事項》

　　若一方跌倒了，或大滾筒歪了，就需暫停，調整好之後再繼續。不可把大滾筒抬離地面。觀察孩童是否懂得如何有效地運用身體來推，是否能夠穩定自己的重心。

《活動目標》

　　孩童懂得如何用力，且不會跌倒。

打拳擊

《目的》

　　促進肌肉拮抗作用及身體穩定度的能力。

《活動內容》

　　將拳擊沙袋或利用現有的器材（如重力球）吊起來，給孩童戴上拳擊手套，練習打拳擊。

《觀察注意事項》

　　出拳是否準確？出拳時自己是否站得穩？是否能閃避反彈回去的沙袋？

《活動目標》

　　孩童可以準確出拳，並靈活地閃避彈回的沙袋。

《變化》

　　沙袋的重量可依孩童的能力來選擇、調整。

推糞蟲

《目的》

改善肌肉拮抗作用，提供計畫動作的能力。

《活動內容》

讓孩童以爬行的方式，用頭去推地上的沙包到指定位置。可以分兩組比賽。

《觀察注意事項》

對於計畫動作或平衡能力不佳的孩童最好在地墊上進行，以免跌倒時受傷。

《活動目標》

孩童可以運送沙包，持續五～十分鐘。

改善身體穩定度活動

吹紙青蛙

《目的》

改善身體（尤其肩部）的穩定度與口腔功能。

《活動內容》

將紙摺的青蛙放在起跑線上，讓孩童以爬行的姿勢預備好，比賽吹青蛙賽跑。

《觀察注意事項》

孩童是否能維持爬行的姿勢？是否會滴口水？是否知道吹哪裡，青蛙才會向前跑？

《活動目標》

孩童可以用爬行的姿勢吹青蛙前進 10 呎（300 公分）。

滑板遊戲

《目的》

改善肌肉拮抗作用，促進上肢及軀幹穩定度的能力。

《活動內容》

讓孩童盤腿坐在一個 1 呎（30 公分）平方的滑板上，用兩手推自己前進或倒退運送沙包。

《觀察注意事項》

孩童是否抱怨手太短或搆不到地？孩童是兩手一致的滑，還是交互滑？孩童是否較喜歡倒退滑？

《活動目標》

孩童可以用雙手將自己向前滑行至少 10 呎（300 公分），再轉彎滑回來。

吊單槓

《目的》

　　改善姿勢機制，促進上肢及軀幹穩定度的能力。

《活動內容》

　　讓孩童自己用雙手懸吊在單槓或牢固的橫欄上，並可嘗試雙腳離地，也可嘗試擺盪或引體向上。

《觀察注意事項》

　　注意孩童懸吊的欄杆是否牢固、安全，下方沒有危險物，若孩童掉下來，不會有危險。

《活動目標》

　　孩童可以用雙手將自己懸吊在單槓上維持五秒鐘。

空中飛人

《目的》

　　提供前庭刺激，改善姿勢機制，尤其是肩部與髖關節的穩定度。

《活動內容》

　　讓孩童的四肢穿在懸吊套環中，由他人幫忙搖盪或旋轉。

《觀察注意事項》

　　孩童是否能維持小飛機姿勢？須注意孩童有無任何頭暈、冒冷汗、臉色發白、噁心想吐、呼吸急促等現象，若有，應立即停止活動。勿勉強孩童旋轉或搖盪。

《活動目標》

　　孩童可以維持小飛機姿勢，並喜歡這個活動。

木頭人

《目的》

　　提供前庭刺激，改善身體，尤其是上肢與軀幹的穩定度。

《活動內容》

　　讓孩童盤腿坐在一個 1 呎（30 公分）平方的小滑板上，雙手抓著一根紙棒，由他人抓著另一端拉著他移動或旋轉，速度可忽快、忽慢，孩童需要維持身體穩定。

《觀察注意事項》

　　孩童是否能維持身體穩定，不掉下滑板？須注意孩童有無任何頭暈或不適的現象，若有，即停止活動，不要勉強。

《活動目標》

　　孩童可以維持身體穩定，隨著他人拉動，並喜歡這個活動。

擺盪（一）

《目的》

提供前庭刺激，提升肌肉張力，尤其是肩部或上肢的穩定度。

《活動內容》

將輪胎的內胎剪成 3 吋（7.5 公分）寬的橡皮帶，將它的兩端固定在房間兩側的牆壁上離地約一呎（30 公分）的高度。讓孩童趴在滑板上，雙手向前伸直抓著橡皮帶的中間位置，兩側分別由兩位大人配合著擺動橡皮帶，使孩童前後擺盪。

《觀察注意事項》

孩童是否可以維持兩臂伸直，兩腿抬離地面？

《活動目標》

孩童可以抓緊橡皮帶，維持兩臂伸直、兩腿抬起，前後連續擺盪至少五次。

改善身體穩定度活動

擺盪（二）

《目的》

　　促進上肢及軀幹之穩定度，改善平衡的能力。

《活動內容》

　　將輪胎的內胎剪成 3 吋（7.5 公分）寬的橡皮帶，將它的兩端固定在房間兩側的牆壁上離地約 1 呎半（45 公分）高的地方。讓兩個孩童分別盤腿坐在一個 1 呎（30 公分）平方的小滑板上，在橡皮帶的兩側交錯而坐，兩個人的頭上戴著一頂安全帽，以防跌倒撞到頭。當大人喊開始後，兩人就互相推拉橡皮帶，試圖讓對方跌倒。

《觀察注意事項》

　　兩個人的能力不能相差太大。雖然頭上戴了安全帽，但若快速向後傾倒時，手肘可能會撞到地而受傷。所以，孩童必須已經十分熟悉滑板的性質，才玩這個活動。

《活動目標》

　　孩童可以讓對方跌倒或使自己不被對方弄倒。

迴力車

《目的》

改善肌肉拮抗作用及平衡功能。

《活動內容》

將橡皮帶一頭固定在牆壁上離地面約 2 呎（60 公分）高的地方，讓孩童坐在滑板上，雙手握緊橡皮帶的另一頭，兩腳蹬地向後退，直到拉不動為止。此時，將雙腿提起讓人隨滑板彈回，衝回牆壁上的方向。

《觀察注意事項》

對於平衡能力不好，又不怕危險的個案，需戴安全帽。

《活動目標》

孩童可以拉著橡皮帶向後退到橡皮帶被繃到最緊的地方。同時，可以雙腳同時離地，讓人隨滑板彈回而不跌倒或用腳煞車。

改善身體穩定度活動

蜘蛛搬家

《目的》

　　促進身體概念及肌肉拮抗作用。

《活動內容》

　　將輪胎的內胎剪成 2 吋（5 公分）寬的橡皮帶，或用橡皮管做成直徑約 2 呎（60 公分）的圓圈，讓孩童兩手兩腳撐在輪胎或橡皮帶的邊緣，循一定的路線走或過障礙物。孩童的四肢必須維持伸直，以免輪胎滑落。也可用彈力繩代替。

《觀察注意事項》

　　輪胎或橡皮帶的大小需調節到提供孩童適當的阻力。當孩童能力較好時，可將橡皮帶調短一點，以增加阻力。

《活動目標》

　　孩童可依要求的方式走 5 呎（150 公分）遠，而橡皮帶不會滑落。

比定力

《目的》

　　訓練身體穩定度與計畫動作的能力。

《活動內容》

　　讓兩個孩童的兩隻手掌對掌互推，設法讓對方跌倒而自己能夠不倒。若孩童會用手互抓，則可戴上拳擊手套來玩。

《觀察注意事項》

　　孩童是否會抓而非推對方？孩童是否懂得活動的要領，並且不會被對方推倒？

《活動目標》

　　孩童可以不被對方推倒。

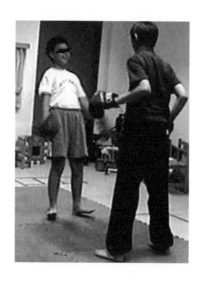

改善身體穩定度活動

比扭力

《目的》

訓練身體穩定度及計畫動作的能力。

《活動內容》

讓兩個孩童分別拉著一條繩索的兩端（約 8 呎，240 公分長），將繩索繞過臀部後方，兩人設法將對方弄倒，而自己不倒。

《觀察注意事項》

孩童是否懂得把繩索在臀部後方而非腰部，孩童是否能夠單手收或放繩子，使得對方不穩？孩童是否會運用身體的姿勢，尤其是臀部的動作來拉繩索？

《活動目標》

孩童懂得怎麼玩這個遊戲，可以單手操作且能維持穩定。

平衡活動

跨進（出）紙箱

《目的》

　　訓練平衡的能力。

《活動內容》

　　平衡能力較差的孩童，無法單腳站立，可以讓他跨過一個紙箱，蹲著由斜坡溜下來，再設法由紙箱中出來。

《觀察注意事項》

　　孩童是否兩手高舉，顯示平衡稍有困難？大人可給予口頭的鼓勵，並等待孩童嘗試，不要催促，也不要輕易給予協助，但要防止跌倒撞傷。

《活動目標》

　　孩童可以不必扶，跨進跨出紙箱。

平衡活動

踢球

《目的》

改善平衡的能力。

《活動內容》

讓孩童站著，用腳對著前方 3 呎（90 公分）遠的的罐子踢球，努力將罐子撞倒。罐子的距離可依孩童的年齡及能力調整。

《觀察注意事項》

孩童是否無法抬起一腳踢球？若是，可給予其一手支撐。

《活動目標》

孩童可以獨立站立並抬起一腳踢球，且能踢中目標。

蘿蔔蹲

《目的》

訓練動作控制及姿勢機制。

《活動內容》

讓所有孩童站成一排，每人選一種蘿蔔的名稱（如紅蘿蔔、白蘿蔔……），由一人先開始說，例如：「蘿蔔蹲！蘿蔔蹲！紅蘿蔔蹲完白蘿蔔蹲！」說到蹲的時候，這個孩童就要蹲下去再站起來。每次要蹲四次。接著就輪到選白蘿蔔的孩童唸。若忘記了就要被罰，可累計次數，犯滿三次的人就要表演一個節目。

《觀察注意事項》

孩童是否會不穩或跌倒？蹲下時兩手是否會晃動以保持平衡？是否會注意聽別人唸的？是否會忘記自己的名稱？是否老是唸同樣的蘿蔔？

《活動目標》

孩童可以正確唸出口訣，自己被唸到時可立即反應，接上去唸並配合蹲的動作，沒有不穩或跌倒的現象。

小狗運沙包

《目的》

　　改善平衡及計畫動作的能力。

《活動內容》

　　讓孩童在地墊上以爬行的方式來回運送沙包，愈快愈好。

《觀察注意事項》

　　孩童在爬行中是否會跌倒？孩童的膝蓋是否會撞擊地面或抱怨膝蓋會痛？

《活動目標》

　　孩童可以用爬行的方式來回運送至少五個沙包，且過程中不會跌倒。

騎小鹿或跳跳球

《目的》

　改善平衡的能力。

《活動內容》

　讓孩童騎小鹿或跳跳球，以彈跳方式前進，並運送沙包。

《觀察注意事項》

　孩童是否完全坐下去了？或是跨站在小鹿或跳跳球上？孩童是否運用到小鹿或跳跳球的彈力？或只是自己在跳或拖著小鹿走？是否會跌倒？是否很喜歡這個活動？

《活動目標》

　孩童可輕鬆的跳躍前進。

《變化》

　若孩童騎小鹿容易跌倒，可依孩童的身高選擇適合的跳跳球玩。

平衡活動

坐火車

《目的》

改善平衡及計畫動作的能力。

《活動內容》

讓一個孩童坐、跪或站在紙箱中，由另一個孩童推著他前進、後退或轉彎，停停走走，假裝是火車進站或開動。

《觀察注意事項》

有無害怕或拒絕的現象？孩童是否能夠坐穩或站穩？是否會出現往反方向用力的現象？

《活動目標》

被推的孩童可以維持平衡、不緊張，覺得好玩。推人的孩童至少可以推動與自己體重相當的孩童移動 10 呎（300 公分）的距離。

身體滾球

《目的》

提供前庭刺激，訓練平衡的能力。

《活動內容》

在地墊上，讓孩童趴在一個直徑2～3呎（60～90公分）的大球上，嘗試抬起手腳、維持平衡；當失去平衡時，可以手或腳著地，並再次嘗試。

《觀察注意事項》

孩童是否會害怕移動或不想玩？若有，大人可以先稍微扶著他的背後，給孩童安全感，同時也可避免孩童突然從球上掉下來。孩童是否很喜歡掉下來的感覺？這表示他正在學習駕馭地心引力。孩童是否無法避免掉下來？若是，表示平衡能力不夠好，可稍給協助，以提高其興趣。

《活動目標》

孩童可以放鬆地移動自己的身體，享受身體平衡在大球上的感覺。

《變化》

對於能力較差的孩童，可以滾筒代替大球，僅練習前後滾動的控制。開始時，由大人控制速度，讓孩童有時間反應為原則（向前時孩童的兩手應會伸直撐地，向後時兩腳會著地），漸漸的再訓練孩童自己玩，但大人仍需在旁戒備，以防跌倒。

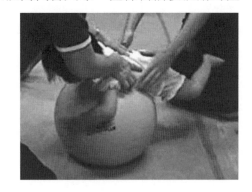

平衡活動

223

圓木鞦韆

《目的》

提供前庭刺激，訓練肢體運用及平衡的能力。

《活動內容》

將滾筒或圓木吊在離地約 1 吋（2.5 公分）處，讓孩童趴著或坐在上面，鼓勵他用腳或手讓自己前後搖盪或旋轉。

《觀察注意事項》

孩童是否會嘗試用腳或手讓自己前後搖盪或旋轉？

《活動目標》

孩童可以用腳或手讓自己前後搖盪或旋轉，且不會摔到地上。

《變化》

1.可將趴抱在圓木上的孩童，翻轉成吊掛在圓木的下方，孩童需靠雙手雙腳抱牢圓木，才不致於掉下來。

2.可讓孩童坐在圓木上，撿拾散落在地上的沙包或投環等，增加對平衡的要求。

坐船投物

《目的》

改善平衡及手眼協調的能力。

《活動內容》

讓孩童坐在懸吊著的鞦韆上，向目標投擲沙包或套環。

《觀察注意事項》

孩童是否很緊張，害怕搖晃或不敢放手？若以改善平衡能力為目標，投擲的標的不宜太小，對準確度的要求也不必太高。

《活動目標》

孩童有 50%的機率可以投中目標。

坐船撈魚

《目的》

改善平衡的能力，提供前庭刺激。

《活動內容》

讓孩童坐、站或趴在大平衡板（3呎×6呎，90×180公分）上，在平衡板四周的地上，散置一些玩具魚（或以沙包代替），要孩童將它們一一撿拾起來，放在籃子裡。腳或手都不可以扶地。

《觀察注意事項》

孩童是否不敢靠到大平衡板邊緣去撿拾？是否會以手或腳撐地，害怕跌倒？

《活動目標》

孩童可以撿起散置於大平衡板四周的玩具魚（或沙包）。

馬拉車

《目的》

促進身體兩側協調、身體平衡的能力。

《活動內容》

讓孩童盤腿坐在滑板上，兩手抓著一條繩子（約 2 呎，60 公分）的兩端，另一人拉著繩子向前進，繞行一定的路徑或目標。

《觀察注意事項》

孩童的兩手是否能抓牢繩子？是否能維持平衡或適當的調整姿勢？

《活動目標》

孩童可維持穩定，抓牢繩子，持續三十秒。

滑板過河

《目的》

　　改善姿勢機制，尤其是平衡及動作計畫的能力。

《活動內容》

　　讓孩童盤腿坐在一個 1 呎（30 公分）平方的滑板上，雙手拉著一條繩索或橡皮帶，由一端滑到另一端，再轉身拉回原處。大人可替他記錄時間，鼓勵孩童愈快愈好。

《觀察注意事項》

　　滑動時，孩童是否能維持身體穩定，不滑倒？孩童的雙手是否會交替使用？

《活動目標》

　　孩童可以穩定、快速的由一端滑到另一端。

大平衡板上運沙包

《目的》

　　訓練平衡及計畫動作的能力。

《活動內容》

　　讓孩童在大平衡板上運送沙包。

《觀察注意事項》

　　孩童是否能維持平衡不跌倒？若有困難，孩童不敢用走的，可建議他用爬行的方式。

《活動目標》

　　孩童可以輕鬆、穩定地在大平衡板上運送沙包。

平衡活動

踩石頭過河

《目的》

改善平衡及計畫動作的能力。

《活動內容》

在地面上每隔 1～1 呎半（30～45 公分）放置一個踏腳石，讓孩童設法走在踏腳石上，來回運送沙包。

《觀察注意事項》

孩童的腳是否能不踩到地面過河？

《活動目標》

孩童可以完全走在踏腳石上，來回運送至少五個沙包。

平衡木遊戲

《目的》

　　改善平衡的功能。

《活動內容》

　　讓孩童走平衡木並在其上撿沙包，來回運送。

《觀察注意事項》

　　孩童有無僵硬、害怕的現象？若有，宜先改善其前庭系統功能。孩童有無太急躁而常掉落地面的情形？若有，需提醒孩童，並強調腳盡量不要踩到地面。

《活動目標》

　　孩童可以在長 6 呎（180 公分）寬 4 吋（10 公分）的平衡木來回傳送沙包五～十次，僅只偶爾腳踏到地面。

《變化》

　　可讓孩童站在平衡木上丟接球、投擲沙包或模仿動作等。

平衡活動

坐 T 形凳／大球

《目的》

改善平衡的能力。

《活動內容》

讓孩童坐在 T 形凳或大球上投擲沙包或玩丟接球的遊戲。下方要鋪一塊墊子，以防跌倒時摔傷。

《觀察注意事項》

孩童在丟或接球時是否敢移動身體？可否維持平衡？是否會離開凳子或讓球滾走？

《活動目標》

孩童可以坐在 T 形凳／大球上玩丟接球而不易跌倒。

《變化》

可以玩用腳踢球的遊戲。

馴馬師

《目的》

改善平衡及計畫動作的能力。

《活動內容》

讓兩個孩童面對面跨坐在一個滾筒上，兩腳不可著地。兩人左右搖晃，設法將對方搖下來。地面要鋪墊子。

《觀察注意事項》

孩童是否會擔心掉下來而不敢動或身體僵硬？孩童是否會調整姿勢來維持平衡？孩童是否可以預知自己快要掉下去了？

《活動目標》

孩童可以維持平衡，且雙腳不碰地。

家園保衛戰

《目的》

　　改善平衡的能力。

《活動內容》

　　讓兩個孩童面對面坐在中空滾筒上（雙腳離地），相距約 3.5 呎（100 公分），互相朝對方的滾筒中丟沙包；孩童必須一面防止對方丟進他的滾筒，同時也要設法將沙包丟進對方的滾筒中，看誰丟進對方滾筒的沙包數較多。

《觀察注意事項》

　　孩童在丟或接沙包時是否不敢移動身體？可否維持平衡、腳不落地？

《活動目標》

　　孩童可以穩定地丟接沙包，並可以防止對方將沙包丟進自己的滾筒，且可將沙包丟進對方的滾筒。

搖大平衡板

《目的》

改善平衡的能力，提供前庭刺激。

《活動內容》

讓孩童站或趴在大平衡板上試著搖動板子。或者讓兩個孩童同時面對面站或趴在大平衡板上互相搖動或同時搖動。孩童可採用他覺得較穩的姿勢來玩。

《觀察注意事項》

孩童是否害怕？是否喜歡蹲或趴下來？是否不敢搖，只在戒備？若兩方能力相差太遠，可能會造成一方壓力太大，所以最好兩個人的能力差不多。

《活動目標》

孩童可以維持平衡，或將對方搖倒。

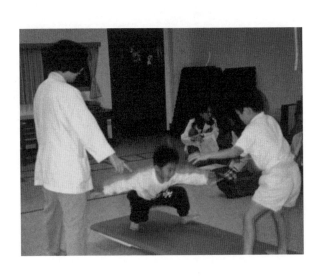

平衡活動

235

官兵抓強盜

《目的》

　　訓練平衡及計畫動作的能力。

《活動內容》

　　讓幾個孩童趴或坐在滑板上，玩官兵抓強盜的遊戲。大人可用桌椅或把滾筒立起來當做障礙物布置在室內。

《觀察注意事項》

　　孩童可否維持平衡不掉下滑板？孩童是否會躲避以免被抓到，或找到捷徑去抓人？

《活動目標》

　　孩童可以維持趴或坐在滑板上，並能夠適當的躲避，以免被別人抓到或能夠設法抓到別人。

坐滑板拍氣球

《目的》

改善平衡的能力。

《活動內容》

讓孩童坐在一個 1 呎（30 公分）平方的滑板上，兩人互玩拍氣球的遊戲。

《觀察注意事項》

孩童是否可以自由活動？是否會離座？是否會跌下滑板？

《活動目標》

孩童可以自由地移動滑板，拍中氣球，僅偶爾會有不穩的現象。

平衡活動

踢氣球毽子

《目的》

　　促進手腳協調及平衡的能力。

《活動內容》

　　用一個氣球代替毽子，用腳來踢，看孩童可連續踢中幾下。

《觀察注意事項》

　　孩童是否能站穩？上肢是否出現不自主的動作？

《活動目標》

　　孩童可以連續踢中氣球至少五下。

《變化》

　　若踢氣球對孩童已不是問題，可以改為踢沙包或真正的毽子。

兩側協調活動

閉眼模仿動作

《目的》

　　促進運動覺及身體兩側協調的能力。

《活動內容》

　　將孩童的雙眼矇起來，由大人移動孩童的一側肢體，讓孩童的另一側肢體做出一樣的動作來。

《觀察注意事項》

　　孩童兩側肢體的動作是否一致？若不一致，可以重複再動一次，並等待孩童做出一樣的動作來。

《活動目標》

　　孩童的一側肢體可以做出跟另一側（由他人移動的）一樣的動作。

雙手執棒擊球

《目的》

　　促進身體兩側協調及計畫動作的能力。

《活動內容》

　　讓孩童坐著，兩手握著一支紙棒（可用保鮮膜的中心或用月曆紙捲成紙筒狀）的兩端，連續擊打懸掛著的氣球。氣球的高度約在孩童的頭部。孩童的兩手均不得鬆開。

《觀察注意事項》

　　孩童的兩手是否協調？是否可以擊中氣球？紙棒是否有變形？

《活動目標》

　　孩童可以兩手同時握著紙棒，連續擊中懸吊在前方的氣球至少二十次。

《變化》

　　可以改成兩人對打，或要求孩童將氣球打向指定的方向或目標，以提高難度。

跳紙箱

《目的》

促進身體兩側協調的能力。

《活動內容》

讓孩童雙腳站在一個大小適中的紙箱中，跳行前進，越過障礙物或來回運送沙包。

《觀察注意事項》

孩童是否能有效的運用身體？平衡如何？紙箱是否有被弄破？

《活動目標》

孩童可以站在紙箱中，以雙腳跳的方式行進至少 10 呎（300 公分）。

《變化》

以寬的橡皮帶將孩童的雙腳以八字形綑綁住，然後以雙腳跳的方式行進。

跳數字地墊

《目的》

　　促進身體兩側協調的能力。

《活動內容》

　　讓孩童在數字地墊上聽指令，以雙腳跳的方式跳到該數字的地墊上。

《觀察注意事項》

　　孩童是否能兩腳同時跳？是否總是某一腳先跳？身體是否保持平衡？

《活動目標》

　　孩童可以兩腳同時起跳及落地，並跳到指定的數字地墊上。

抓逃犯

《目的》

　　促進身體兩側協調及計畫動作的能力。

《活動內容》

　　在地上畫一個大圓圈，假裝是監獄；將孩童的雙腳用布條綁著，坐在圓圈中假裝是犯人。孩童要逃脫時，只要他保持坐姿即可不被發現。若跪或站起身來，就立即會被發現，則需回到大圓圈中。

《觀察注意事項》

　　孩童是否不願被綁著？孩童是否能找到有效地移動方式？平衡有無困難？若孩童拒絕被綁，則不要勉強他做。

《活動目標》

　　孩童可以保持坐姿，並成功逃離監獄。

鏡中人

《目的》

　　促進身體兩側協調及計畫動作的能力。

《活動內容》

　　孩童與大人在一面玻璃的兩側，兩人手對著手，孩童的手要配合大人的手移動。可事先在玻璃上塗一點肥皂水，使其光滑以方便手的移動。

《觀察注意事項》

　　孩童的手是否能配合大人的手移動？是否會離開玻璃面？是否會感覺吃力或累？

　　大人可從兩手做對稱的動作或一致性動作開始，逐漸再改為交互性動作，最後可嘗試兩手做不同的動作。兩手移動的速度要視孩童的能力而定，以讓孩童可以跟得上為原則。也可和孩童交換角色玩。

《活動目標》

　　孩童可以順利跟上大人的動作（在合理的情況下）。

以球滾球

《目的》

訓練身體兩側協調的能力。

《活動內容》

讓三位以上的孩童圍坐成一個圓圈，每位孩童兩手抱著一個排球大小的球。當大人將球滾向某位孩童時，他必須用手上的球將那個球推給別人。

《觀察注意事項》

孩童手上的球是否經常滾掉？滾出的球是否對正目標？

《活動目標》

孩童可以雙手抱著自己的球來推球給別人，僅偶爾會遺落手上的球，或未對正對方傳球。

鞋子走路

《目的》

　　促進身體兩側協調及計畫動作的能力。

《活動內容》

　　讓孩童將雙手各穿在一隻鞋子裡，沿著一定的路線或腳印前進、後退或向側邊行走。

《觀察注意事項》

　　雙手是否能協調運用？是否會避免跨越身體中線？

《活動目標》

　　孩童可以順利的使用雙手交互移動。

圍圈傳球

《目的》

　　促進身體兩側協調的能力。

《活動內容》

　　讓孩童圍圓圈站著，一人面朝圓心，一人面朝外側，交錯站著開始傳球給旁邊的人。球的大小必須用雙手才拿得住。也可以讓孩童排成一列，將球由頭部上方往前傳，傳到第一個人以後再由兩腿中間向後傳，或者以相反的方向傳。

《觀察注意事項》

　　孩童是否雙手均會主動使用，或傾向以單手為主？孩童的手是否會避免跨越身體中線？

《活動目標》

　　孩童可以快速的反應，將球接住並傳出去。

踩踏板車

《目的》

改善計畫動作的能力。

《活動內容》

讓孩童自由練習踩踏板車，學會以後可以用踩踏板車的方式運送沙包，或兩人競速。

《觀察注意事項》

孩童是否能夠學會流暢的踩踏板車前進？是否會一會兒前進，一會兒後退？

《活動目標》

孩童能夠自如的踩踏板車前進或後退。

山地之歌

《目的》

　　促進身體兩側協調的能力。

《活動內容》

　　讓孩童圍圓圈站立，手拉手跳節奏簡單的山地舞蹈，如腳踏地或單腳跳等。或坐下來，兩手有節奏地拍地板、木箱或鼓。

《觀察注意事項》

　　孩童的兩手或兩腳是否能協調運用？是否能配合節奏跳舞？

《活動目標》

　　孩童可以配合節拍做出手或腳的動作。

<u>划救生小艇</u>

《目的》

　　促進身體兩側協調及計畫動作的能力。

《活動內容》

　　讓孩童坐或跪在一塊 1 呎（30 公分）平方的毛氈或布上，想像在划救生小艇，用他的雙手向前或後划動，或轉圈圈。

《觀察注意事項》

　　孩童的兩手是否能協調運用？其身體是否能適當的配合？

《活動目標》

　　孩童可以協調地將自己推向前方或後方。

騎腳踏車

《目的》

　　促進身體兩側協調的能力。

《活動內容》

　　讓孩童學習踩踏兩輪（可以有輔助輪）或三輪腳踏車。

《觀察注意事項》

　　孩童是否能兩腳交互踩踏板？是否能踩踏板讓車子前進？

《活動目標》

　　孩童可以順暢地踩踏板讓車子前進或轉變方向。

雙手接球／沙包

《目的》

　　促進身體兩側協調的能力。

《活動內容》

　　讓孩童站在前方約 6 呎（180 公分）遠處，以拋物線方式丟一個球／沙包給他，要他用雙手來接。若孩童接不到，可以調近距離；若接得很好，則可以將距離拉長。也可將丟擲的速度加快，如採直線丟擲，或縮短兩次丟擲之間的間隔時間。

《觀察注意事項》

　　孩童是否可以適時出手接住球／沙包？若不行，則可讓他預先將雙手準備好，再將球／沙包輕輕地丟到他的手上。

《活動目標》

　　孩童至少可以雙手一起接住 80%的球／沙包。

傳接大龍球

《目的》

促進身體兩側協調的能力。

《活動內容》

讓孩童站在前方約 8 呎（240 公分）遠處，和孩童互傳大龍球。由於大龍球又大又重，所以孩童必須用雙手來接住大龍球，或是推或把球舉起來丟給對方。

《觀察注意事項》

孩童是否可以接住大龍球？是否可以控制方向與力道，將大龍球準確地推或丟給對方？

《活動目標》

孩童可以用雙手一起接住大龍球，或是將大龍球準確地推或丟給對方。

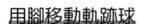
用腳移動軌跡球

《目的》

　　促進兩腳協調的能力。

《活動內容》

　　讓孩童坐在椅子上，用雙腳操縱軌跡球，使它由起點移動到終點。

《觀察注意事項》

　　孩童是否能有效率的使用雙腳來操縱軌跡球？有無出現紊亂的動作？

《活動目標》

　　孩童能夠有效率的用雙腳操縱軌跡球，使它順利的由起點移動到終點。

爬上斜坡（一）

《目的》

　　促進身體兩側協調的能力。

《活動內容》

　　讓孩童雙手分別抓著斜坡的兩側扶手向上爬。

《觀察注意事項》

　　孩童是否能雙手同時使用？若孩童害怕，則不要勉強他。

《活動目標》

　　孩童可以雙手交互使用，爬上 5 呎（150 公分）長的斜坡。

爬上斜坡（二）

《目的》

　　促進身體兩側協調的能力。

《活動內容》

　　讓孩童使用雙手、雙腳爬上一面斜坡。

《觀察注意事項》

　　孩童是否能雙手同時使用？下方需有防護設施。

《活動目標》

　　孩童可以成功爬上 6 呎（180 公分）高的斜坡。

攀爬鐵架

《目的》

　　促進身體兩側協調及手腳協調的能力。

《活動內容》

　　讓孩童手腳並用，攀爬到鐵架子上去。

《觀察注意事項》

　　孩童是否能手腳並用？若孩童害怕，則不要勉強他爬高。

《活動目標》

　　孩童可以手腳並用，爬上 6 呎（180 公分）高的鐵架子。

攀爬繩梯

《目的》

　　促進身體兩側協調及手腳協調的能力。

《活動內容》

　　讓孩童手腳並用，攀爬到繩梯上端去取物品。

《觀察注意事項》

　　孩童是否能手腳並用？若孩童害怕，則不要勉強他爬高。

《活動目標》

　　孩童能夠手腳並用，爬上 6 呎（180 公分）高的繩梯取得物品再下來。

攀岩

《目的》

　　促進身體兩側協調及手腳協調的能力。

《活動內容》

　　讓孩童手腳並用，攀爬到岩壁頂端，手碰觸到天花板。

《觀察注意事項》

　　孩童是否能手腳並用？若孩童會害怕，可讓他在低處橫向移動，由一端移動到另一端。下方需鋪設安全地墊。

《活動目標》

　　孩童能夠手腳並用，爬到岩壁頂端後再下來。

踩高蹺

《目的》

　　促進身體兩側協調及手腳協調的能力。

《活動內容》

　　用玩具高蹺或用空奶粉罐穿上繩子做成一對高蹺，讓孩童站在高蹺上，雙手提著繩子繞行障礙物，或跨過障礙物。

《觀察注意事項》

　　孩童是否害怕，不敢移動？可先在地墊上練習。孩童手腳是否能配合？兩側是否能交互移動？

《活動目標》

　　孩童可以踩高蹺走至少 10 呎（300 公分），且能繞過或跨過障礙物。

搓湯圓

《目的》

　　促進兩手協調的能力。

《活動內容》

　　用黏土或生麵糰將其搓成一粒一粒大小一樣的湯圓。

《觀察注意事項》

　　孩童是否能使用雙手來搓還是在桌上搓？是否能搓得圓？湯圓的大小是否能控制一致？

《活動目標》

　　孩童可以搓出至少五個大小一致的湯圓。

剪紙條

《目的》

促進身體兩側協調及計畫動作的能力。

《活動內容》

在一張約 1.6 吋（4 公分）寬、4 吋（10 公分）長的紙條上，每隔 0.8 吋（2 公分）用簽字筆畫一條直線，共四條。讓孩童用剪刀沿著直線將紙條剪成一段一段。

《觀察注意事項》

孩童是否知道如何使用剪刀？孩童是否知道如何拿紙片比較好剪？孩童是否能夠沿著直線剪？

《活動目標》

孩童能夠沿著直線將紙條剪成一段一段。

《變化》

孩童能夠剪直線後，可再嘗試剪弧線或圓形、正方形及三角形。之後再嘗試剪簡單的不規則圖案，如水果形狀。

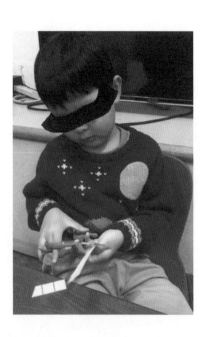

描繪模型

《目的》

　　促進身體兩側協調的能力。

《活動內容》

　　準備一些幾何模型板或大小不等的瓶蓋，讓孩童隨意選擇，再用鉛筆在紙上沿著模型板或瓶蓋邊緣描畫出一個個幾何形狀或大小不等的圓形。

《觀察注意事項》

　　描畫時，孩童的另一手是否可以固定模型板或瓶蓋？或是會跟著移動？孩童是否能確實沿著模型板或瓶蓋邊緣描繪？

《活動目標》

　　孩童可以描繪出清楚的幾何形狀或物件輪廓。

《變化》

　　可以讓孩童用一手描畫自己的另一手，或者描畫自己的腳。描好後可讓孩童著色。

葉拓

《目的》

　　促進身體兩側協調的能力。

《活動內容》

　　大人事先蒐集葉脈較明顯的樹葉大小數片、薄紙及 2B 鉛筆。讓孩童將薄紙覆蓋在葉片上，用鉛筆在其上描繪，以拓出葉子的輪廓及葉脈的紋路。

《觀察注意事項》

　　孩童是否可以一手固定一手描繪？孩童的鉛筆最好是拿平一點，也就是使用鉛筆的側面，而非筆尖來畫，較易顯出深淺不同的紋路。

《活動目標》

　　孩童可以描繪出清晰的葉形輪廓及葉脈的紋路。

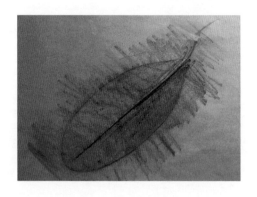

轉螺絲

《目的》

　　促進兩手協調及精細動作的能力。

《活動內容》

　　選擇粗細不一、2 吋（5 公分）長的螺絲及螺絲帽數個，讓孩童練習將螺帽轉緊或旋下來。可以多位孩童一起玩，比賽誰的速度快。

《觀察注意事項》

　　孩童是否可以雙手同時轉？還是只有用一手轉一手固定？只用一指撥還是用多指來轉？是否很容易將螺帽對上？是否會抱怨手酸？

《活動目標》

　　孩童可以輕鬆、快速地旋上或旋下螺絲帽。

敲釘子

《目的》

促進兩手協調的能力。

《活動內容》

在木板上畫上簡單的輪廓線，或要孩童自己設計一個圖形。之後，讓孩童沿著線，每隔約 0.4 吋（1 公分）釘一個釘子，並使每一根釘子的高度一樣，完成後即是一幅釘畫。

《觀察注意事項》

孩童身體的姿勢如何？是否穩定？釘釘子時，孩童是否能夠固定木板？若是在地板上釘，釘釘子時孩童是否會用腳固定木板？孩童是握在槌子柄的近端或遠端？每根釘子的距離與高度是否一致？

《活動目標》

孩童可以有效率地完成一幅作品，且釘距與高度一致。

《變化》

可依孩童的能力調整釘子和槌子的大小，以及木板的硬度。能力較差或年紀較小的孩童，可以先從玩具工具組玩起。

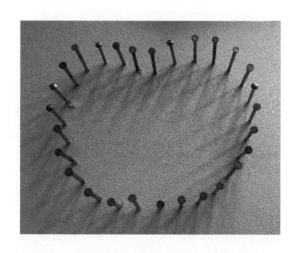

彩帶舞

《目的》

　　促進身體兩側協調及計畫動作的能力。

《活動內容》

　　在兩枝筷子（或鉛筆）的一端，各黏上一條皺紋紙或彩帶，要孩童一手握一枝筷子（或鉛筆），舞出對稱的圓圈或螺旋狀波浪或雙手交互舞動。

《觀察注意事項》

　　孩童的雙手是否協調？是否只能注意到一側？動作是否順暢？需避免孩童被彩帶絆倒。

《活動目標》

　　孩童可以做出兩側一致或交互的舞動，或可模仿他人的動作。

洗牌

《目的》

　　促進身體兩側協調及計畫動作的能力。

《活動內容》

　　玩撲克牌或 UNO 牌時，讓孩童幫忙洗牌、發牌。

《觀察注意事項》

　　孩童是否知道如何將牌蒐集成一落並弄整齊？孩童是否知道如何洗牌？用一手在抽牌時，另一手是否能不讓牌散掉？是否能一手拿牌，另一手發牌？

《活動目標》

　　孩童能夠用雙手洗牌及發牌（不是將牌放在桌上洗或發）。

手眼協調活動

眼球運動

《目的》

改善眼球控制的能力。

《活動內容》

讓孩童在一安靜、黑暗的房間中，眼睛追視一個由手電筒照在牆上而產生的光點移動。也可用光點寫出 0～9 的阿拉伯數字讓孩童猜。

《觀察注意事項》

孩童是否能追視移動的目標？孩童的頭是否會跟著轉動？

《活動目標》

孩童可以頭部固定不動，而只用眼睛追視物體，並可猜出光點寫出的數字。

《變化》

若是小學以上的學生，亦可用光束在牆上寫注音符號讓孩童猜。

降落傘滾球

《目的》

　　訓練手眼協調及計畫動作的能力。

《活動內容》

　　孩童和大人（五人以上）圍成一個圓圈，共同抓著一個降落傘的邊緣，讓上面的大球滾動，但不要讓它掉落地上。

《觀察注意事項》

　　孩童是否能牢牢地抓住降落傘的邊緣？能否控制球的方向，並避免讓球掉落地上？

《活動目標》

　　孩童能夠抓緊降落傘的邊緣並控制球滾動的方向，避免讓球掉落地上。

地板滾球（一）

《目的》

　　訓練手眼協調及計畫動作的能力。

《活動內容》

　　讓兩個孩童面對面站著或多人圍圓圈站著，互相用滾或彈的方式傳一個大球。

《觀察注意事項》

　　孩童是否能適時接住大球？是否能控制球的方向，準確地傳給他人？身體是否能保持平衡？

《活動目標》

　　孩童能夠適時接住大球，並準確地傳給其他孩童。

手眼協調活動

地板滾球（二）

《目的》

　　訓練手眼協調的能力。

《活動內容》

　　將塑膠罐（或保特瓶）在地上排成一列，讓孩童在 5～6 呎（150～180 公分）遠處用球瞄準目標滾過去。

《觀察注意事項》

　　孩童是否會瞄準目標滾？方向的控制如何？是否會逐漸修正滾球的方向？

《活動目標》

　　孩童滾十次至少中五次。

拍氣球（一）

《目的》

　　改善手眼協調的能力。

《活動內容》

　　兩人或多人圍圓圈拍氣球，氣球可以用細線懸吊在正中。

《觀察注意事項》

　　孩童的眼睛是否能跟著球看？是否能適時伸手拍中氣球？是否能將氣球對準他人拍？

《活動目標》

　　孩童可以準確地拍中氣球，並將氣球拍給他人。

拍氣球（二）

《目的》

　　促進眼球追視及手眼協調的能力。

《活動內容》

　　讓能力相當的兩人，使用球拍對拍氣球。可以拉起一根繩子當作分界，並有一人擔任裁判，在一旁計分。採取類似羽毛球的規則，以規範孩童的行為。

《觀察注意事項》

　　孩童是否不易找到來球或反應總是慢半拍？孩童是否不會使用球拍？

《活動目標》

　　孩童可以有效地拍中對方擊來的球，也能夠拍出好球給對方。

《變化》

　　孩童若不易拍到氣球，則可先讓孩童自己用球拍連續拍氣球開始練習。氣球也可以用細線吊掛著，使其難度降低。

投擲沙包（一）

《目的》

　　訓練手眼協調及計畫動作的能力。

《活動內容》

　　讓孩童站在一個相距 5 呎（150 公分）遠的中空滾筒或紙箱前（可劃一條界線），嘗試將沙包投入其中。

《觀察注意事項》

　　孩童是否能掌握投擲沙包的方向？是否能保持站在線後，不越線？

《活動目標》

　　孩童能投進 80%沙包。

《變化》

　　孩童能夠投進 80%沙包之後，可以嘗試將滾筒或紙箱的距離拉遠一點。也可以調整目標的大小。也可以在牆壁上相當於頭部上方的高度貼一張報紙，上面畫一個大圓圈當標靶，讓孩童用球對其連續投擲。

投擲沙包（二）

《目的》

訓練手眼協調及計畫動作的能力。

《活動內容》

讓孩童站在一個相距 5 呎（150 公分）遠的投擲板前（可劃一條界線），嘗試將沙包投入洞中。投入鼻子得 1 分，嘴巴 2 分，眼睛 3 分。

《觀察注意事項》

孩童投擲沙包的策略為何？是否會嘗試瞄準 3 分的眼睛投擲？

《活動目標》

孩童能夠投進不同的洞，命中率 80%。

《變化》

孩童能夠投進不同的洞，且命中率達 80% 之後，可以嘗試將投擲板的距離拉遠一些。

投擲沙包（三）

《目的》

訓練手眼協調及計畫動作的能力。

《活動內容》

讓孩童站在一個相距 5 呎（150 公分）遠的九宮格投擲板前（可劃一條界線），每個洞口貼上一張數字紙，讓孩童嘗試用沙包投入每一格中（將紙打落）。

《觀察注意事項》

孩童能否掌握投擲沙包的方向？投擲沙包的策略為何？

《活動目標》

孩童能夠投進至少七個洞。

《變化》

孩童能夠投進至少七個洞之後，可以嘗試將投擲板的距離拉遠一點。

打紙仗

《目的》

　　促進兩手及手眼協調的能力，並紓壓。

《活動方式》

　　將孩童分成兩組，中間可以用地墊和滾筒做成一個屏障。分別給兩組孩童一些報廢的報紙，要他們將報紙一張揉成一個球，當做手榴彈，互相投擲。孩童不可越界。玩過後要洗手。

《觀察注意事項》

　　孩童是否能將報紙揉成紮實的紙球？是否看準了目標才丟？是否會閃躲丟來的紙球？或是太害怕無法有效地閃躲？

《活動目標》

　　孩童可以將報紙揉成紮實的紙球，並能丟中對方，或能夠閃躲丟來的紙球。

畫大圈

《目的》

　　促進肢體運用及手眼協調的能力。

《活動內容》

　　讓孩童在黑板上用粉筆畫大圈，可以是圓圈，或大八字形，順時針與反時針兩個方向輪流畫。可以單手畫，也可以雙手同時畫。

《觀察注意事項》

　　孩童動作是否流暢？畫八字形時有無交叉？雙手同時畫圓圈時，動作是否協調？

《活動目標》

　　雙手動作流暢，畫八字形時手可以跨越身體中線。

串珠

《目的》

　　促進兩手及手眼協調的能力。

《活動內容》

　　讓孩童用一條繩子串珠子，做一條項鍊。繩子一頭抹一點膠水再把它捏緊，會比較容易穿過孔洞。

《觀察注意事項》

　　孩童是否能對準珠子的孔洞穿？孩童是否能順利將繩子穿過珠子的孔洞，並且成功地把繩子拉過孔洞？

《活動目標》

　　孩童能順利用一條繩子串珠子。

釣魚

《目的》

　　促進肢體運用及手眼協調的能力。

《活動內容》

　　讓孩童用一根綁著一塊磁鐵釣線的釣竿釣魚。釣線的長度可隨孩童
的年齡或能力調整。

《觀察注意事項》

　　孩童是否能穩定地操控釣竿？孩童是否知道磁鐵要接觸魚的哪裡才
可以釣起來？若不知道，可給予他提示。

《活動目標》

　　孩童能夠順利的釣起魚。

《變化》

　　可讓孩童站在平衡木上釣魚。

運小球

《目的》

訓練手眼協調的能力。

《活動內容》

讓孩童用塑膠球拍運送小球，一次放一個小球在球拍上，運到距離 10 呎（300 公分）遠的容器中。不可以用另一手扶小球，小球若掉了就不算，需重新再回頭去拿。

《觀察注意事項》

孩童是否走得太急？是否會用手扶？若有前述的情形，需適時給予提醒，以免孩童的挫折感太大或養成投機取巧的習慣。若孩童有困難穩定球拍，大人可協助穩定，以讓孩童有成功的經驗。

《活動目標》

孩童可依遊戲規則，運送小球。

衝滑板投擲沙包

《目的》

　　提供前庭刺激，抑制迷路張力反射，並促進手眼協調及跨越身體中線的能力。

《活動內容》

　　讓孩童趴在滑板上，手中拿著一個沙包，從斜坡上衝下來，同時將沙包投中對側的一個紙箱中。

《觀察注意事項》

　　孩童是否能維持平衡？是否能適時丟出沙包並丟中目標？投沙包前是否會換手？

《活動目標》

　　孩童可以維持平衡，並有 80%的機率可以投中目標。

《變化》

　　可將沙包置於孩童的左邊地板上，紙箱則置於右邊，讓孩童自己撿起沙包再投入紙箱中。

盛接小球（一）

《目的》

促進手眼協調及計畫動作的能力。

《活動內容》

孩童兩人一組，相距 6～10 呎（180～300 公分），面對面站立。一人雙手抱著一個約 1 呎半（45 公分）寬的紙箱，另一人則朝著紙箱投擲小球或沙包。兩人互相配合，盡可能接住每一個球。

《觀察注意事項》

孩童是否能投中目標？接球的孩童是否會調整位置或紙箱的角度，以便更容易接到球？

《活動目標》

兩人可以互相配合接住小球。

盛接小球（二）

《目的》

　　促進手眼協調及計畫動作的能力。

《活動內容》

　　將小球用線連著，線的另一頭固定在單柄大茶杯的杯緣（與柄相對的那一邊），要孩童試著將球拋起並用茶杯接住它。（或如下圖設計）

《觀察注意事項》

　　孩童是否能將球拋起？身體其他部位有無協同動作出現？

《活動目標》

　　孩童可輕鬆地將球拋起，並有 80%的機率能夠接住。

玩飛盤

《目的》

　　提升手眼協調的能力。

《活動內容》

　　和孩童互傳飛盤。飛盤可選擇海綿材質的，若被它打到，比較不痛。

《觀察注意事項》

　　孩童是否能控制擲出飛盤的方向？是否能適時接到對方丟來的飛盤，或是會閃避、不敢接？若是，可先從短距離丟接開始練習。

《活動目標》

　　孩童可以接住丟給他的飛盤，並再丟給對方。

空間概念活動

循聲打滾

《目的》

提供觸覺及前庭刺激，改善計畫動作及空間概念的能力。

《活動內容》

讓孩童躺在地板上，戴上眼罩或用紙袋套著頭，朝著大人的擊掌聲滾去。當孩童滾到大人跟前時，輕拍他一下，告訴他抵達目標，之後再換到另一個地點擊掌。

《觀察注意事項》

孩童是否不喜歡或不敢滾動？孩童是否有前庭刺激過量的現象，若有，則需要尊重其感受，不要勉強。

《活動目標》

孩童可順利地滾到聲源處，且對他人的碰觸無排斥現象。

穿越叢林（一）

《目的》

抑制原始反射反應，改善計畫動作及空間概念的能力。

《活動內容》

在地上分散放置一些障礙物，讓孩童的背躺在滑板上，兩手抱胸，用雙腳向前或向後走動，穿過障礙物，且不得碰到障礙物。

《觀察注意事項》

孩童的頭部是否可以維持抬離地面？是否會抱怨脖子痠？是否會懼怕向後倒著走？方向控制好不好？

《活動目標》

孩童可以仰躺在滑板上，以前進或倒退的方式順利穿過障礙物。

穿越叢林（二）

《目的》

　　改善空間概念的能力。

《活動內容》

　　在空間中放置一些大型路障，讓孩童盤腿坐在一個1呎（30公分）平方的小滑板上，由另一個矇住雙眼的人推他前進或後退。他需要指揮推他的人，以順利地從起點穿越過障礙物抵達終點。

《觀察注意事項》

　　孩童是否能給予推他的人正確的指示？孩童在被推動時，是否能維持身體穩定？或是否會有不安全感？行進過程中不可以移動障礙物。

《活動目標》

　　孩童可以指引推他的人，順利地由起點移動到終點，不會撞到東西，僅偶爾接觸到。

走迷宮（一）

《目的》

抑制迷路張力反射，改善形狀與空間概念的能力。

《活動內容》

在房間地板上畫或用膠帶貼出迷宮的路線，然後讓孩童趴在滑板上，雙腿離地，用雙手沿著路線去找出寶藏。或照地上的路線畫一張地圖給孩童，讓孩童自己去找到正確的路徑。

《觀察注意事項》

孩童的頭及雙腿是否可以維持抬高，不拖在地上？孩童是否能照著路線移動或看著地圖找到正確的路徑？

《活動目標》

孩童可以在合理的時間內找到寶藏，同時維持頭、腳離地。

走迷宮（二）

《目的》

　　改善形狀與空間概念、兩側協調及計畫動作的能力。

《活動內容》

　　將一條 20 呎（600 公分）長的粗繩在地上盤繞成錯綜複雜的路徑，要孩童一腳在繩子的一邊，沿著繩子走，碰到交叉處孩童必須雙腳跳過去。

《觀察注意事項》

　　孩童是否能沿著繩子順利地從起點走到終點？孩童是否能雙腳跳？

《活動目標》

　　孩童可以沿著繩索的走向，正確無誤地由起點走到終點。

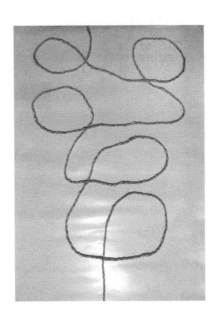

空間概念活動

鑽過障礙物

《目的》

　　改善身體概念與空間概念的能力。

《活動內容》

　　讓孩童鑽過各種不同形狀或大小的障礙物，並避免碰撞。

《觀察注意事項》

　　孩童是否會依障礙物的形狀或大小來調整身體的姿勢或動作？是否不敢鑽入或是身體會碰撞到？

《活動目標》

　　孩童不需特別留意，即可順利地鑽過不同形狀或大小的障礙物。

攀爬遊戲

《目的》

　　改善空間概念的能力。

《活動內容》

　　讓孩童攀爬繩梯或遊樂場的鐵架，由一頭爬到另一頭。

《觀察注意事項》

　　孩童是否會嘗試不同的路徑？是否很喜歡這個遊戲或害怕？若害怕，則不要勉強，可先從前庭刺激的活動做起。

《活動目標》

　　孩童可以輕易地攀爬繩梯或遊樂場的鐵架。

套杯

《目的》

改善形狀與空間概念的能力。

《活動內容》

讓孩童嘗試將多個大小不同的彩色杯子依大小順序套在一起。

《觀察注意事項》

當無法套入時，孩童是否會換不同的杯子來套？若孩童一直重複一樣的作法，可以示範正確的套法給孩童看，但不要求他一定要如何做，要讓孩童有嘗試錯誤的機會。

《活動目標》

孩童可以將全部的杯子都依大小順序套起來。

《變化》

可將杯口朝下，由大到小疊成一個高塔。

珠串迷宮

《目的》

改善計畫動作及空間概念的能力。

《活動內容》

將木珠串在一條彎彎曲曲的鐵絲上，讓孩童設法將木珠由鐵絲的一端傳送到另一端去，但是孩童的雙手只能握著鐵絲的兩端，不可直接碰觸木珠。

《觀察注意事項》

孩童是否會弄不清楚方向或重複同一個動作？孩童的身體是否會跟著扭曲？

《活動目標》

孩童可以順利地將木珠由鐵絲的一端運送到另一端。

空間概念活動

積木遊戲（一）

《目的》

改善形狀與空間概念的能力。

《活動內容》

使用各種形狀的木質積木，讓孩童排高，愈高愈好。可多人比賽，看誰排得最高。

《觀察注意事項》

孩童是否懂得運用積木使其站立？是否懂得排高？是否會模仿他人做的樣子？

《活動目標》

孩童可以將全部的積木都用上，盡可能排到最高。

積木遊戲（二）

《目的》

　　改善形狀與空間概念的能力。

《活動內容》

　　將一盒積木倒出來後，讓孩童將之排回盒中。可多人比賽，看誰最快。

《觀察注意事項》

　　孩童是否會計畫將同類型的排在一起，或是兩個三角形湊成一個正方或長方形？是否會嘗試不同的排法？

《活動目標》

　　孩童能夠在合理的時間內將積木排入盒中。

積木遊戲（三）

《目的》

改善形狀與空間概念的能力。

《活動內容》

拿同樣的積木數份，讓孩童自由設計組出一棟房子。之後可請孩童介紹自己的作品並觀摩別人的作品。

《觀察注意事項》

孩童是否會不斷地嘗試、修改其作品？是否會模仿他人的作品？

《活動目標》

孩童可以自己設計並搭建出一棟房子，並能解說其構造。

《變化》

可由大人先排出一個成品，再由孩童照樣排。

疊杯

《目的》

　　改善手眼協調與空間概念的能力。

《活動內容》

　　讓孩童將六個或十個塑膠杯疊成金字塔型。當孩童學會疊法以後，可以幫孩童計時，並鼓勵他打破自己的紀錄。也可以兩人競速。

《觀察注意事項》

　　孩童是否可以掌握到疊杯的技巧，如間隔及對位的細節，而不會容易失敗。

《活動目標》

　　孩童可以快速地堆疊起六個或十個塑膠杯。

空間概念活動

釘板遊戲

《目的》

改善形狀與空間概念的能力。

《活動內容》

釘板可以自製，用 0.6 吋（1.5 公分）長的鐵釘釘滿在一塊 0.7 呎（20 公分）長寬的木板上。每支鐵釘相距 0.4 吋（1 公分），每支鐵釘的高度最好一樣。要孩童用橡皮筋在釘板上掛出各種幾何圖形或其他的圖形。

《觀察注意事項》

孩童是否會嘗試不同的形狀或掛法？是否會用一手或腳固定釘板？

《活動目標》

孩童可以掛出基本幾何圖形，或排出各種不同的圖形。

骨牌遊戲

《目的》

　　改善空間概念的能力。

《活動內容》

　　使用現成的骨牌，一人一份，鼓勵孩童去排列。開始時，目標放在要孩童學會如何能夠推倒一塊，就會產生連鎖反應，使全部的骨牌都倒下。等孩童學會了基本原理後，就可鼓勵他變化排列的方式或圖形。

《觀察注意事項》

　　若孩童不懂得怎麼做才會經由一塊骨牌推倒另一塊骨牌，可鼓勵他先使用二、三塊，多試幾次之後再排列更多。但不要教他技巧或策略。

《活動目標》

　　孩童可以排出一列等距的骨牌，並且只推一塊即可產生連鎖反應，直到所有的骨牌全倒。

空間概念活動

疊疊樂

《目的》

改善形狀與空間概念的能力。

《活動內容》

利用現成的玩具「疊疊樂」，可兩人或多人一起玩。每人輪流抽出一塊積木，但不可用手扶積木塔，也不可將之弄倒。弄倒後即需重新排好。可讓孩童學著排三個一排，排成上下互相垂直的立方體。

《觀察注意事項》

孩童是否能判斷哪一塊積木絕對不能拿，拿了一定會倒？孩童是否會排錯，也就是忘記上下排要互相垂直？孩童在抽積木塊時，是否無法不碰到其他的積木塊？

《活動目標》

孩童能夠獨立排列好積木塔，也能夠知道或推測抽哪一塊積木比較不會弄倒積木塔。

組合立方體

《目的》

　　改善形狀與空間概念的能力。

《活動內容》

　　讓孩童用六塊大積木組合成一個立方體。完成後並設法將其拆解成一塊一塊。

《觀察注意事項》

　　若孩童組合時沒有對齊，以致於無法完成，可以提醒他注意。

《活動目標》

　　孩童能夠用六塊大積木組合成一個立方體，完成後並能夠將其拆解開來。

空間概念活動

繫鞋帶

《目的》

改善形狀與空間概念的能力。

《活動內容》

使用大人的樣品鞋讓孩童練習穿鞋帶及打結。

《觀察注意事項》

孩童可挑選自己喜歡的鞋款來穿，以提高動機。若孩童不知如何穿或打結，可適時給一些指引。

《活動目標》

讓孩童練習穿鞋帶及打結，並協助其成功完成。

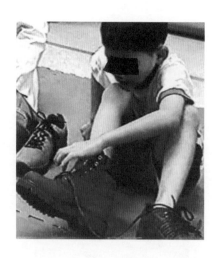

拼圖

《目的》

改善形狀與空間概念的能力。

《活動內容》

讓孩童玩拼圖。可依孩童的年齡或能力選擇適當片數的拼圖來玩。

《觀察注意事項》

孩童可挑選自己喜歡的拼圖花色來玩，以提高動機。若孩童不知如何拼組，可適時給一些指引，並容許其嘗試錯誤。盡量避免教孩童使用策略。

《活動目標》

孩童可以學會拼圖的玩法並喜歡玩。

<u>盲畫</u>

《目的》

　　改善形狀與空間概念的能力。

《活動內容》

　　讓孩童看著一個圖形，用手在紙箱內（排除視覺線索）畫出一樣的形狀來。

《觀察注意事項》

　　可以讓孩童先在畫紙上找到起點，再蓋上紙箱，開始畫。可重複嘗試，直到孩童自己感到滿意為止。盡量避免教孩童使用策略。

《活動目標》

　　孩童可以不靠視覺幫忙，畫出指定的圖形，形狀與大小和樣本近似。

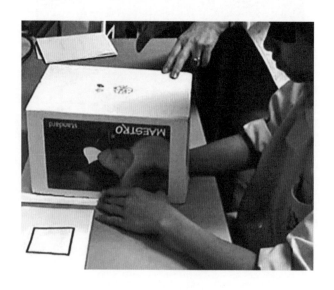

計畫動作活動

進出球池

《目的》

　　改善計畫動作的能力。

《活動內容》

　　鼓勵孩童自己爬進或爬出球池，或較高的圍欄。

《觀察注意事項》

　　預防孩童爬出時跌倒。進入球池若有困難，可幫忙其把腳跨上池邊。

《活動目標》

　　孩童可以安全地爬進爬出球池。

計畫動作活動

在斜坡上翻滾

《目的》

　　提供前庭刺激，改善身體概念及計畫動作的能力。

《活動內容》

　　讓孩童在有斜度的海綿墊上連續翻滾，並運送沙包。

《觀察注意事項》

　　孩童是否能順暢的向上或向下翻滾？翻滾時是否卡卡的、臀部翹起或產生很大的聲響？是否可以保持直線滾動？

《活動目標》

　　孩童可以熟練的翻滾上或下斜坡。

轉圈圈

《目的》

　　提高肌肉張力及計畫動作的能力。

《活動內容》

　　在地上畫一個直徑1呎（30公分）的圓，讓孩童面朝下，兩手支撐在圓圈中，用腳移動繞著圓心轉。也可以要孩童兩腳踩在圓圈中，用兩手在地上移動，使身體繞著圓心轉。

《觀察注意事項》

　　孩童是否不清楚該如何轉動？是否可以有效的運用身體來轉動？

《活動目標》

　　孩童可以維持以手腳撐地、身體懸空的姿勢，並在原地轉三圈以上。若有困難，也可以容許以膝蓋著地的方式轉圈。孩童是否能夠以最有效率的方式旋轉，如轉圈時出現一手跨過另一手。

《變化》

　　能力不足的孩童可以先坐在地上，以臀部為支點轉圈，或不限制用手或腳固定在定點來轉圈。

划雪

《目的》

　　改善平衡及計畫動作的能力。

《活動內容》

　　讓孩童兩腳分別踩在兩張 A4 大小的紙上，向前划動運送沙包。腳不可以離開紙張。

《觀察注意事項》

　　孩童有無重心不穩的現象？腳是否會離開紙張？紙張是否弄破了？

《活動目標》

　　孩童可以順利地滑動 10 呎（300 公分）遠，並能夠轉彎調頭回來。

木頭滾

《目的》

　　改善身體概念及計畫動作的能力。

《活動內容》

　　讓孩童躺在墊子上，在兩膝之間夾著一個沙包，要他像木頭一樣滾動運送沙包。

《觀察注意事項》

　　孩童是否有逃避或排斥此活動的現象？沙包是否可以夾住不掉？

《活動目標》

　　孩童可以依指定的方式運送沙包，且滾成一直線。

計畫動作活動

撐船

《目的》

　　提供觸覺刺激及改善計畫動作的能力。

《活動內容》

　　讓孩童背躺在厚紙板或大毛巾上，兩手抓著前緣。用兩腳蹬地的方式，向頭的方向移動，大人可以在前方帶領他移動的方向。

《觀察注意事項》

　　孩童是否能順利地移動？身體是否能維持在厚紙板或大毛巾上，而不滑掉？是否能協調地變換移動的方向？

《活動目標》

　　孩童可以雙手握住厚紙板或大毛巾，兩腳協調地推動身體前進。

花式走路

《目的》

訓練計畫動作的能力。

《活動內容》

讓孩童同手同腳走路；用腳尖或腳跟走路；倒退走；或沿著一直線，每一隻腳跨在線的對側，兩腳交叉走，可前進或倒退。

《觀察注意事項》

孩童是否只聽口令即可做出正確的動作？還是需要看人示範才學得會？或是練習多次還是做不流暢？

《活動目標》

孩童可以正確地模仿各種不同的行走方式。

《變化》

模仿各種動物的行走方式，例如：鴨、雞、兔、青蛙、蛇、狗、大象等。

螃蟹走路（一）

《目的》

促進計畫動作的能力與運動覺。

《活動內容》

讓孩童面朝上，像螃蟹一樣用兩手及兩腳在墊上橫著身體移動，由一端到另一端來回運沙包。沙包可以放在身上。

《觀察注意事項》

孩童是否能維持這樣的姿勢？孩童是否可以維持橫著身體移動？

《活動目標》

孩童可以順暢地橫著身體移動，且身上的沙包不會掉下來。

螃蟹走路（二）

《目的》

　　促進計畫動作的能力與運動覺。

《活動內容》

　　用2吋（5公分）寬，1～2呎（30～60公分）長的橡皮帶或布條綁成一個圓環，讓孩童兩腳站在其中，將之掛在兩腳腳踝處不要掉下來。然後，要孩童由一端走到另一端來回運送沙包。

《觀察注意事項》

　　孩童是否可以行走，且不讓橡皮帶掉下來？若橡皮帶掉了，孩童是否有覺察到？孩童是否需要眼睛盯著橡皮帶走？

《活動目標》

　　孩童可以順暢地行走，腳踝上的橡皮帶不會掉下來。

計畫動作活動

搬移大地墊

《目的》

　　促進計畫動作的能力。

《活動內容》

　　當大片地墊用完以後，讓孩童幫忙將其放回原處（豎起來靠牆放置）。

《觀察注意事項》

　　孩童是否可以獨立的將大片地墊豎起來？是否可以獨立的將大片地墊移至牆壁旁放置？孩童是否能夠維持自身穩定？

《活動目標》

　　孩童可以獨立的將大片地墊豎起來，移至牆壁旁放置。

夾球走路

《目的》

　　促進計畫動作的能力。

《活動內容》

　　讓孩童的兩腿中間夾一個皮球行走，並來回運送沙包。

《觀察注意事項》

　　孩童行走時是否能維持皮球不掉下來？孩童是否需要眼睛盯著皮球行走？皮球快要掉下來時，孩童是否可以及時察覺並調整？孩童是否能找到快速、有效的方法行走？

《活動目標》

　　孩童可以快速、有效的夾著皮球行走。

計畫動作活動

跳繩

《目的》

　　提供前庭刺激，訓練計畫動作的能力。

《活動內容》

　　讓孩童兩人各執跳繩的一頭，規律地擺動繩子，讓孩童在跳繩上跳過來跳過去，不要碰到繩子（可假裝它是一條蛇）。

《觀察注意事項》

　　孩童是否能算準時間跳過繩子？若有困難，可在適當時機提示他「跳！」以讓他獲得成功的經驗。

《活動目標》

　　孩童能夠輕鬆地來回跳過繩子不被碰到，有成就感。

《變化》

　　可將繩子的一頭固定在離地 1 呎（30 公分）處，讓孩童手握另一端，上下或左右搖動繩索，使其像蛇一樣扭動，並讓另一名孩童嘗試跳過繩子。可觀察孩童是否能夠將繩子搖出規律的波浪。

滾大輪胎

《目的》

　　改善兩手協調及肢體運用的能力。

《活動內容》

　　讓孩童圍成圓圈站立，互相以滾動的方式傳送一個大輪胎。

《觀察注意事項》

　　孩童是否懂得如何滾動大輪胎？身體是否可保持平衡？可否接住傳來的大輪胎？

《活動目標》

　　孩童可以將大輪胎對準目標滾成一直線，也可以接住傳過來的大輪胎。

躲避球

《目的》

訓練概念理解與動作計畫的能力。

《活動內容》

讓一個孩童在中間的地墊上，其他孩童在四周圍用大球嘗試滾中場中的孩童。中間的孩童則要避免被球碰到，且不能離開地墊。

《觀察注意事項》

孩童是如何移動自己的？是否會躲避球？是否喜歡被球撞壓的感覺？孩童是如何滾球的？若孩童們變得過度興奮，則需調整活動。

《活動目標》

孩童可以有效地移動身體，不被球碰到。

發射火箭（一）

《目的》

　　提供前庭刺激，促進頭頸部的穩定度及計畫動作的能力。

《活動內容》

　　讓孩童趴在滑板上，對準前方堆高的紙箱，用雙腳踢牆衝出去，用頭把紙箱撞倒。

《觀察注意事項》

　　孩童是否能對準前方的紙箱衝出去，或是衝出時會歪斜？是否不敢用頭去撞紙箱，而用手去推？

《活動目標》

　　孩童能夠趴在滑板上，用雙腳踢牆衝出去，並用頭把前方的紙箱撞倒。

計畫動作活動

發射火箭（二）

《目的》

提供前庭刺激，促進雙手協調及計畫動作的能力。

《活動內容》

讓孩童趴在滑板上，自斜坡上衝下來，衝下來時用雙手抓住前方橫掛著的橡皮帶（離地 1 呎半，45 公分高），橡皮帶彈回時放掉雙手，讓自己反彈回去。也可以讓身體由橡皮帶下方鑽過去後，將雙腳彎起來勾住橡皮帶，再反彈回去。

《觀察注意事項》

孩童是否能用雙手同時抓住橡皮帶？是否能適時放開雙手，以便讓身體彈回？雙腳是否能適時彎起與勾住橡皮帶？

《活動目標》

孩童可以趴在滑板上，由斜坡衝下來，並適時用雙手抓住橡皮帶，或用雙腳勾住橡皮帶。

滾車輪遊戲

《目的》

　　促進兩側協調與計畫動作的能力。

《活動內容》

　　把一個 2 呎（60 公分）長寬、1 呎半（45 公分）深的紙箱兩頭打開剪掉，成為一圈 1 呎半（45 公分）寬的紙帶。讓孩童以趴的方式在紙帶上向前移動，紙帶即像車輪一樣滾動。可以雙人競速，增加趣味性。

《觀察注意事項》

　　孩童是否能有效率地向前進？是否能維持身體平衡？是否出現過度用力或紊亂的動作？

《活動目標》

　　孩童可以熟練的滾動紙帶。

計畫動作活動

跳石頭

《目的》

　　促進兩側協調以及計畫動作的能力，提供觸覺刺激。

《活動內容》

　　將幾個浮板散置在地板上，假裝是河中的石頭。讓孩童在石頭上跳來跳去地玩，或是來回運沙包。若掉到外面就必須到大人那兒去假裝擦乾全身再繼續玩。石頭的距離可隨孩童的能力而調整。

《觀察注意事項》

　　孩童是否可以準確地踩在石頭上？哪一腳先跳？是否不穩，需要用手來幫助平衡？對於擦拭是否會拒絕、害怕或焦慮？

《活動目標》

　　孩童可以踩在石頭上來回運沙包，或是享受在石頭上跳來跳去的樂趣。

手腳並用

《目的》

改善計畫動作的能力。

《活動內容》

在地墊上分散放置一些左、右手及腳的形狀板，孩童必須使用對應的手及腳來通過（由一端到另一端）。

《觀察注意事項》

孩童是否能夠辨認左、右手或腳的形狀板？過程中是否能維持平衡，手或腳不會碰觸到地墊？

《活動目標》

孩童能夠使用正確的左、右手或腳的形狀板通過地墊，且手或腳不會碰觸到地墊。

跳車翻滾

《目的》

　　促進計畫動作的能力。

《活動內容》

　　在斜坡下方 15 呎（450 公分）遠處鋪一片墊子。讓孩童趴在滑板上，從斜坡衝下來，當接近墊子時需設法將自己側轉並翻滾到墊子上。

《觀察注意事項》

　　孩童是否能在適當的時機側轉？孩童是否會煞車或害怕撞到墊子？

《活動目標》

　　孩童可以在適當的時機側轉，並翻滾上墊子。

以腳搬物

《目的》

改善計畫動作的能力，抑制原始反射反應。

《活動內容》

讓孩童趴在滑板上，用兩腳將一個 1 呎（30 公分）寬的紙箱抬起後，用手滑動，將紙箱搬到另一處放置。

《觀察注意事項》

孩童是否會把紙箱夾變形？紙箱在搬運途中是否會掉下來？

《活動目標》

孩童可以用雙腳將紙箱夾起，並運送到 15 呎（450 公分）外的定點。

計畫動作活動

<u>蜘蛛人</u>

《目的》

　　改善計畫動作的能力及肌肉拮抗作用。

《活動內容》

　　用桌面或牆壁作成一條狹道。讓孩童趴在滑板上，以兩手兩腳推著兩側牆壁的方式穿過狹道，手腳都不可著地。

《觀察注意事項》

　　孩童是否能適當地運用雙手雙腳來推牆，以便使自己前進？

《活動目標》

　　孩童可用雙手雙腳頂著兩側的牆壁前進或倒退至少 10 呎（300 公分）。

滑輪

《目的》

改善計畫動作及平衡的能力。

《活動內容》

讓孩童盤腿坐在滑板上，滑板前方繫著一條約 20 呎（600 公分）長的繩子，繩子的另一端穿過一個固定在牆上的滑輪，再讓孩童拉著。孩童可以將繩子收短，讓自己向牆壁滑過去。

《觀察注意事項》

孩童是否能兩手交替規律地拉著繩子讓自己前進？孩童是否能維持平衡？

《活動目標》

孩童可以用兩手交互拉繩子的方式讓自己滑向牆壁。

計畫動作活動

<u>學領袖</u>

《目的》

　　改善計畫動作的能力。

《活動內容》

　　這是五人以上玩的遊戲。先決定一位猜領袖的人，請他先迴避一下。之後其餘的人要選出一個領袖，負責帶頭做動作，其他人則都要學他做。開始後，就可請猜領袖的孩童來猜誰是帶頭做動作的人。

《觀察注意事項》

　　是否有孩童拒絕做領袖，或是不要模仿別人做？模仿的正確性如何？當領袖的孩童是否總是做一樣的動作？若是，可建議他做一些改變。

《活動目標》

　　每個孩童都可擔任領袖示範動作讓別人學，也可以模仿別人的動作，正確性達 80%。

螺旋踢

《目的》

改善下肢及全身的動作計畫能力。

《活動內容》

將南瓜鞦韆懸掛在離地約 2 呎（60 公分）的高度。地上鋪著墊子，要孩童躺在南瓜鞦韆下方，嘗試用雙腳去踢它。

《觀察注意事項》

孩童是否能用雙腳同時離地踢，還是一次只能抬起一腳？是否能準確地踢中或南瓜鞦韆？踢的時間和位置是否掌握得好？

《活動目標》

孩童可以準確的以雙腳踢中目標。

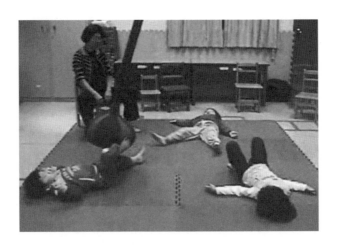

計畫動作活動

跳麻袋

《目的》

改善兩側協調及計畫動作的能力。

《活動內容》

讓孩童站在一個麻布袋中，雙手拉著袋緣跳躍前進，並運送沙包。

《觀察注意事項》

孩童是否能用雙腳同時跳起移動？是否會跌倒？是否出力過多或有不當的用力？麻袋是否會鬆掉？

《活動目標》

孩童可以順利地跳躍前進。

大水缸搬家

《目的》

　　訓練局部穩定度及計畫動作的能力。

《活動內容》

　　讓孩童站在空心滾筒中，抬著滾筒走路。可以競賽方式提高活動動機及趣味。

《觀察注意事項》

　　孩童是否太急而跌倒？是否能夠抬動滾筒，或是說「太重了」？孩童進出滾筒有無困難？

《活動目標》

　　孩童可以抬著滾筒前進，轉彎再回頭走而不會跌倒。

<u>轉圓盤</u>

《目的》

改善平衡及計畫動作的能力。

《活動內容》

讓孩童站在一個圓盤形的平衡板上，要孩童扭動身體，轉動圓盤。

《觀察注意事項》

孩童是否有害怕跌倒的現象，如兩臂高舉後不敢動或說不好玩等。
若是，可以讓他扶著東西轉。

《活動目標》

孩童可以手不扶，運用身體扭動的方式向左或向右轉動圓盤。

擦地板

《目的》

改善身體概念及計畫動作的能力。

《活動內容》

讓孩童雙腳踩在一條毛巾上，努力將指定的地面範圍擦乾淨，或是和他人競速。腳不能離開毛巾。

《觀察注意事項》

孩童是否能夠快速有效的移動腳步？是否動作笨拙？

《活動目標》

孩童可以很快找到有效的移動方法前進或後退。

計畫動作活動

同心結

《目的》

　　促進計畫動作的能力。

《活動內容》

　　讓五位以上孩童手拉手圍成一個圓圈，然後任意由手臂下面鑽過去，使得大家最後打成一個結無法再繞。之後，再設法繞開成最初之手牽手的情況。在活動中，孩童的手都不得鬆開。

《觀察注意事項》

　　孩童是否會排斥手牽手或別人太靠近他？孩童是否知道該從哪裡繞，才能把結打開？

《活動目標》

　　孩童可以與人維持手牽手，同時可以繞成一個結再繞開來。

轉大陀螺

《目的》

改善肢體運用、計畫動作的能力。

《活動內容》

讓孩童坐在大陀螺中，設法轉動，並撿拾地上的沙包。若孩童動不了，大人可以輕輕地撥動蛇螺的邊緣，助其一臂之力，讓孩童體會陀螺的活動。

《觀察注意事項》

孩童是否會害怕搖動？孩童是否經過幾次嘗試後，即可順著一個方向轉動？是否只會兩邊擺動，而不會轉？是否使用過多的力氣或用力不當？

《活動目標》

孩童可以輕易地分別向兩側轉動陀螺。

滑板舞

《目的》

　　促進計畫動作的能力及肌肉拮抗作用。

《活動內容》

　　讓兩個孩童趴在滑板上分別在房間的兩側。兩人用腳踢牆向前衝出，在中間交錯而過，並互相拍手。也可以要兩人的手握住轉 180 度再滑回原處。

《觀察注意事項》

　　孩童是否可以衡量彼此的位置，使得衝出後兩人之距離剛好可以拍到手？是否能適時伸出手去拍中對方的手？或握住對方的手轉半圈再放掉，滑回原處？

《活動目標》

　　孩童可以趴在滑板上踢牆衝出來，並且握住對方的手旋轉，並適時放掉滑回原處。

精細動作活動

插豆豆板

《目的》

改善精細動作與空間概念的能力。

《活動內容》

利用坊間可以買到的玩具「豆豆板」，讓孩童隨意插或要求他插成一個正方形、圓形或三角形。若板夠大，可以跟孩童一起插，讓他可以觀摩大人插的圖形。

《觀察注意事項》

孩童是否不易插入或拔出豆豆？是否會從背面壓出豆豆而非由正面拔出？若孩童做不出正確的形狀，可鼓勵他修改，但千萬不要教他如何插。

《活動目標》

孩童可以有效地插入及拔出豆豆，並且可以排列出指定的形狀。

精細動作活動

轉小陀螺

《目的》

改善精細動作的能力。

《活動內容》

教孩童用拇指與食指轉小陀螺，也可以用插蛋糕蠟燭的插座來轉。

《觀察注意事項》

孩童是否能用拇指與食指做出正確的動作？是否會換手來做？若動作正確，只要鼓勵孩童多練習，就可以學會。

《活動目標》

孩童可以順利的用拇指與食指轉動小陀螺。

做紙項鍊

《目的》

　　改善精細動作的能力。

《活動內容》

　　將色紙裁成 0.4 吋（1 公分）寬的條狀，教孩童先將一條色紙兩頭黏起來，變成一個圈。之後再拿一條色紙，穿過這個圈後將兩端黏起來，重複這個步驟，直到想要的項鍊長度為止。

《觀察注意事項》

　　孩童是否會換手來做？是否常常穿上了又掉出來（表示雙手配合不佳）？

《活動目標》

　　孩童可以順利的做出一串紙項鍊。

《變化》

　　紙條的長寬及紙的厚度可依孩童的能力做調整，使其可以有成功的經驗。

精細動作活動

做紙珠項鍊

《目的》

　　促進兩側協調及精細動作的能力。

《活動內容》

　　使用月曆紙，將它裁成梯形長條。之後，將長條花面朝外，由寬的一頭捲起來，捲成一粒紙珠，末端用黏膠固定。照樣做許多粒紙珠後，再用繩子串起來，即成為一條美麗的項鍊。

《觀察注意事項》

　　開始捲時，中心要留一個繩子可以穿過的洞。捲時需注意到兩邊要對稱。觀察孩童是否起頭有困難？是否無法捲緊或一直鬆掉？所捲的珠子是否兩邊對稱？每粒珠子是否大小一致？

《活動目標》

　　孩童可以捲出大小一致的珠子，並串成一條項鍊。

編蛇

《目的》

改善精細動作與空間概念的能力。

《活動內容》

用月曆紙裁成 0.4 吋（1 公分）寬、8 吋（20 公分）以上長的長條，將兩條紙條的一端交疊成直角，用膠水固定。之後，將在下方的紙條沿著上方的紙條回摺，重複這個步驟，直到摺到末端為止。

《觀察注意事項》

孩童是否會起頭？若有困難，可給予少許的協助。孩童是否懂得何謂上、何謂下？孩童是否看得出編對還是編錯了？大人要留意孩童是否編錯了，一旦發現出錯最好立即指出，要其改正，以免以不正確的方式繞了許多之後又要拆掉重做。

《活動目標》

孩童在少許提示下，能夠學會編蛇，並做出一個成品。

精細動作活動

紙編

《目的》

改善精細動作與空間概念的能力。

《活動內容》

用一張稍厚的色紙設計出一朵太陽花，花心割出一條一條的口子。另外，用一張薄一點的色紙裁成和條狀切口距離等寬的紙條，然後用這些紙條去將花心編織出來。也可以設計其他的圖案，或讓孩童自己設計。

《觀察注意事項》

孩童是否會起頭？若有困難，可給予少許的協助。孩童是否懂得何謂上、何謂下？孩童是否看得出編對還是編錯了？大人需要留意孩童是否編錯了，一旦發現出錯最好立即指出，以免孩童做錯了許多之後才要修改。

《活動目標》

孩童可以在大人的指導下順利編完一個圖案。

做紙花

《目的》

改善手眼協調的能力。

《活動內容》

將色紙邊對邊對摺、再對摺三次至四次，然後將尖端剪掉一點（約 0.12 吋，0.3 公分），尾端剪成圓弧狀，兩個側邊則可以各剪掉一點。完成後打開，就變成一朵花。之後，可將花貼在圖畫紙上，再畫出葉子、蝴蝶等。第一次剪花時，可以幫孩童畫出要剪的部分，讓孩童可以照著剪。

《觀察注意事項》

孩童是否能正確的邊對邊摺？邊能否對齊？剪側邊的小口子有無困難？

《活動目標》

孩童可以剪出一朵完整的花。

精細動作活動

摺紙

《目的》

改善手眼協調與空間概念的能力。

《活動內容》

先從紙飛機開始教孩童，可從網路中搜尋簡單又會飛的紙飛機作法。摺好之後可以比賽射紙飛機，以提高孩童的興致。可預先摺好一架紙飛機給孩童看，再帶著他一起摺。可用有一點硬度的廣告紙來摺。

《觀察注意事項》

孩童是否能看著大人的示範跟著做？若不行，則可先幫他摺出印痕後打開，再要他跟著一起摺。等孩童能夠跟著別人一起摺以後，就可以教他看圖示摺。

《活動目標》

孩童可以摺出一架會飛的紙飛機。

美勞活動

《目的》

　　改善手眼協調的能力。

《活動內容》

　　美勞活動，如著色或運筆活動、剪圖形、黏貼等，都是訓練手眼協調的好活動。選擇活動的原則是要好玩、有意義，例如：用紙盤做一條魚，可以展示在牆上；聖誕節快到時，可以做卡片；用瓦楞紙剪成一條一條，兩邊各裝一條橡皮筋，可以當鬍鬚；摺青蛙，可以用來賽跑……。另一個選擇活動的原則是適合不同程度的孩童，也就是不論能力如何，都可以有一個像樣的成品產出的活動，可以讓孩童有成就感。

《觀察注意事項》

　　孩童是否有興趣、認真學習？若否，則必須設法先提起孩童的興趣。過程中可視需要，以最少必要的協助為原則，協助孩童完成一個作品。

《活動目標》

　　孩童可以做出一個有個樣子的成品。

精細動作活動

做漢堡

《目的》

　　改善手眼協調與空間概念的能力。

《活動內容》

　　用紙黏土做漢堡：先做好一個漢堡樣本，給孩童適量的各色紙黏土，讓他看著樣本做或是帶著他一起做。

《觀察注意事項》

　　孩童是否能看著樣本做，或是需要跟著大人一起做？孩童做出的漢堡元件大小比例是否適當？

《活動目標》

　　孩童可以做出一個完整的漢堡。

改善口腔功能活動

吹紙片

《目的》

　　改善口腔功能。

《活動內容》

　　將輕薄的紙片或衛生紙撕成約 0.8 吋（2 公分）寬的長條，懸在孩童面前讓他將其吹飄起來。

《觀察注意事項》

　　孩童在吹時，有無口水噴出？是否能將紙片吹飄起來？

《活動目標》

　　孩童可以輕易地將紙片吹飄起來。

吸紙片

《目的》

改善口腔功能。

《活動內容》

將薄紙撕成 0.5 吋（1.25 公分）平方大小的紙片散置於桌上，讓孩童用吸管將紙片一片片吸起，放到容器中。

《觀察注意事項》

孩童是否有口水流出？桌面或紙片是否潮濕？

《活動目標》

孩童可以輕易地吸起紙片，並將它放到容器中。

吹畫

《目的》

　　改善口腔功能。

《活動內容》

　　將水彩顏料調在水中，滴在圖畫紙上，要孩童用吸管將之吹散，構成一幅畫。

《觀察注意事項》

　　孩童是否有口水流出或吹出？可否將水彩吹散？

《活動目標》

　　孩童可以有效地將水彩向四周吹開來。

改善口腔功能活動

舔嘴唇

《目的》

改善口腔功能及舌頭運用的能力。

《活動內容》

將蜂蜜、果醬或巧克力醬塗在孩童的嘴巴四周，然後讓他將之舔淨。若不知哪裡還有，大人可以告訴他，或讓他看一下鏡子，但不要讓他看著鏡子做。

《觀察注意事項》

孩童的舌頭是否有順序地查詢嘴唇四周？或是只重複同樣的動作（舔同樣的部位）？孩童的嘴唇或牙齒是否都用上了？

《活動目標》

孩童可以將嘴唇四周的食物舔乾淨。

舔盤子

《目的》

　　改善舌頭運用的能力。

《活動內容》

　　用蜂蜜或果醬塗在盤子上，要孩童用舌頭舔食乾淨。

《觀察注意事項》

　　孩童是否會流口水？舌頭是否能準確地舔到食物？

《活動目標》

　　孩童可以將盤中的食物舔食乾淨。

改善口腔功能活動

吹泡泡

《目的》

改善口腔功能。

《活動內容》

用肥皂泡熱水使之溶化成肥皂水，讓孩童用一支吸管向其中吹氣，將之吹滿肥皂泡。也可買吹泡泡的玩具來玩。

《觀察注意事項》

注意不要讓孩童吸入肥皂水。若孩童會吸入，則可改用豆漿，亦可吹出泡泡及聲音。

《活動目標》

孩童可以規律地吹出氣泡或聲音。

青蛙賽跑

《目的》

　　增加肩頸部及四肢的穩定度，改善口腔功能。

《活動內容》

　　讓孩童每人先摺一隻紙青蛙，然後放在起跑線上。再請孩童以四肢著地，爬行的方式用嘴吹著青蛙前進，看誰的青蛙先抵達終點。

《觀察注意事項》

　　孩童是否能維持爬行的姿勢？是否能有效地把青蛙朝終點線吹去？孩童是否有口水流出？地上有無口水痕？

《活動目標》

　　孩童可以用爬行的姿勢，將紙青蛙吹往前至少 10 呎（300 公分）遠。

《變化》

　　可以用乒乓球代替紙青蛙，並設計固定的跑道來吹。

改善口腔功能活動

學動物叫聲

《目的》

改善口腔功能。

《活動內容》

讓孩童學任何一種動物的叫聲，大家輪流表演，不論學得像不像都給予肯定，鼓勵大家去嘗試發出各種不同的聲音。也可以學聽過的各種叫賣聲或廣播聲。

《觀察注意事項》

孩童是否敢於嘗試發出各種聲音？或是只會發出一種聲音？

《活動目標》

孩童可以發出各種不同的叫聲或模仿不同的聲音。

嚼肉乾

《目的》

　　訓練舌頭的應用與咀嚼功能。

《活動內容》

　　大人拿著孩童愛吃的長條肉乾或有嚼勁的東西，放在孩童口腔側邊的上下臼齒中間，讓孩童咀嚼。孩童不可以用手幫忙，也不可用門齒將肉乾切斷。嚼碎了就可以吃下去。

《觀察注意事項》

　　孩童是否有旋轉的咀嚼動作？還是只有牙齒上下開合的動作？孩童是否會流口水？

《活動目標》

　　孩童可以用側邊的臼齒將肉乾嚼碎再吞下去。

改善口腔功能活動

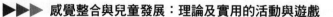

◀參考文獻▶

中文部分

李玉惠（2016）。家長對兒童使用 3C 產品看法與態度之研究。**學校行政，103**，118-139。

姚開屏（1996）。另一點不同的聲音：再談感覺統合治療。**特殊教育季刊，61**，28-32。

姚開屏、余俊生、鄒國蘇（1997）。**CCDI 常模的再思**。美商亞培股份有限公司臺灣分公司支助計畫（頁 1-23）。

胡崇元、柯慧貞（2000）。**我國 CCDI 之修改及常模之更新：臺南市區常模之建立**。行政院衛生署八十八年下半年及八十九年度科技研究發展計畫（頁 1-65）。

徐澄清、蘇喜、蕭淑貞、林家青、宋維村、張玨（1978）。CCDI 之修訂及初步常模之建立。**中華民國小兒科醫學會雜誌，19**（2），頁 142-156。

教育部（2018）。**幼兒教育及照顧法**。臺北市：作者。

陸莉、劉鴻香（修訂）（1997）。**拜瑞－布坦尼卡視覺－動作統整發展測驗**。臺北市：心理。

羅鈞令（2010a）。**動作問題簡易量表：指導手冊**。臺北市：心理。

羅鈞令（2010b）。**幼兒日常職能活動量表：指導手冊**。臺北市：心理。

羅鈞令（2011）。**幼兒日常職能活動量表：分類解釋與應用手冊**。臺北市：心理。

羅鈞令（2013）。**自閉兒的潛能開發**。臺北市：心理。

羅鈞令、許婷惠（譯）（2011）。促進教學的參考架構：促進學習的四象限模式。載於**兒童職能治療參考架構**（原作者：P. Kramer & J. Hinojosa）（頁 234-265）。臺北市：合記。

羅鈞令、許婷惠（譯）（2020）。**幫助自閉兒的每一天**（原作者：M. J. Crawford & B. Weber）。新北市：心理。

英文部分

Adams, S. L. (1965). *The effect of somatic sensory stimulation on kinesthetic perception.* Unpublished master's thesis, Department of Physical Therapy, University of Southern California, CA.

Ades, H. (1959). Central auditory mechanisms. In J. Field, H. W. Magoun, & V. E. Hall (Eds.), *Handbook of physiology, Section 1: Neurophysiology, Vol. 1.* Washington, DC: American Physiological Society.

American Occupational Therapy Association. (2008). Occupational therapy practice framework: Domain and process (2nd ed.). *American Journal of Occupational Therapy, 62*, 625-683.

American Psychiatric Association. [APA] (2013). *Diagnostic and statistical manual of mental disorders* (5th ed.). Arlington, VA: Author.

Ashburner, J. K., Rodger, S. A., Ziviani, J. M., & Hinder, E. A. (2014). Optimizing participation of children with autism spectrum disorder experiencing sensory challenges: A clinical reasoning framework. *Canadian Journal of Occupational Therapy, 81*(1), 29-38.

Ashburner, J., Bennett, L., Rodger, S., & Ziviani, J. (2013). Understanding the sensory experiences of young people with autism spectrum disorder: A preliminary investigation. *Australian Journal of Occupational Therapy, 60*, 171-180.

Ashburner, J., Ziviani, J., & Rodger, S. (2008). Sensory processing and classroom emotional, behavioral, and educational outcomes in children with autism spectrum disorder. *American Journal of Occupational Therapy, 62*, 564-573.

Ausderau, K. K., Sideris, J., Little, L. M., Furlong, M., Bulluck, J. C., & Baranek, G. T. (2016). Sensory subtypes and associated outcomes in children with autism spectrum disorders. *Autism Research, 9*(12), 1316-1327.

Ayres, A. J. (1972). *Sensory integration and learning disorders*. Los Angeles, CA: Western Psychological Services.

Ayres, A. J. (1979). *Sensory integration and the child*. Los Angeles, CA: Western Psychological Services.

Ayres, A. J. (1989). *The Sensory Integration and Praxis Tests: Manual*. Los Angeles, CA: Western Psychological Services.

Ayres, A. J., & Tickle, L. S. (1980). Hyper-responsivity to touch and vestibular stimuli as a predictor of positive response to sensory integration procedures by autistic children. *American Journal of Occupational Therapy, 34*, 375-381.

Baranek, G. T., Carlson, M., Sideris, J., Kirby, A. V., Watson, L. R., Williams, K. L., & Bulluck, J. (2019). Longitudinal assessment of stability of sensory features in children with autism spectrum disorder or other developmental disabilities. *Autism Research, 12*(1), 100-111.

Ben-Sasson, A., Hen, L., Fluss, R., Cermak, S. A., Engel-Yeger, B., & Gal, E. (2009). A meta-analysis of sensory modulation symptoms in individuals with autism spectrum disorders. *Journal of Autism and Developmental Disorders, 39*, 1-11.

Black, K. R., Stevenson, R. A., Segers, M., Ncube, B. L., Sun, S. Z., Philipp-Muller,

A., ... Ferber, S. (2017). Linking anxiety and insistence on sameness in autistic children: The role of sensory hypersensitivity. *Journal of Autism and Developmental Disorders, 47*, 2459-2470.

Breinin, G. M. (1957). Electromyographic evidence for ocular muscle proprioception in man. *Archives of Ophthalmology, 57*, 176-180.

Bruner, J. S. (1972). The nature and uses of immaturity. *American Psychologist, 27*, 1-22.

Cascio, C. J., Moana-Filho, E. J., Guest, S., Nebel, M. B., Weisner, J., Baranek, G. T., & Essick, G. K. (2012). Perceptual and neural response to affective tactile texture stimulation in adults with autism spectrum disorders. *Autism Research, 5*, 231-244.

Case-Smith, J., & Bryan, T. (1999). The effects of occupational therapy with sensory integration emphasis on preschool-age children with autism. *American Journal of Occupational Therapy, 53*, 489-497.

Case-Smith, J., Weaver, L. L., & Fristad, M. A. (2014). A systematic review of sensory processing interventions for children with autism spectrum disorders. *Autism*. Advance online publication. doi:10.1177/1362361313517762

Casler, L. (1965). The effect of extra tactile stimulation on a group of institutionalized infants. *Genetic Psychology Monographs, 71*, 137-175.

Chevallier, C., Kohls, G., Troiani, V., Brodkin, E. S., & Schultz, R. T. (2012). The social motivation theory. *Trends in Cognitive Sciences, 16*, 231-239.

Chistol, L. T., Bandini, L. G., Must, A., Phillips, S., Cermak, S. A., & Curtin, C. (2018). Sensory sensitivity and food selectivity in children with autism spectrum disorder. *Journal of Autism and Developmental Disorders, 48*(2), 583-591.

Clark, D. L., Kreutzberg, J. R., & Chee, F. (1977). Vestibular stimulation influence on motor development in infants. *Science, 196*, 1228-1229.

Cool, S. T. (1995). Does sensory integration work? *Sensory Integration Quarterly, 23*(1), 1 & 5-9.

Culp, R. E., Packard, V. N., & Humphry, R. (1980). Sensorimotor versus cognitive-perceptual training effects on the body concept of preschools. *American Journal of Occupational Therapy, 34*, 259-262.

Dewey, J. (1938). *Experience & education*. New York, NY: Kappa Delta.

Faramarzi, S., Rad, S. A., & Abedi, A. (2016). Effect of sensory integration training on executive functions of children with attention deficit hyperactivity disorder. *Neuropsychiatria i Neuropsychologia, 11*(1), 1-5.

Fiebert, I. M., & Brown, E. (1979). Vestibular stimulation to improve ambulation after a cerebral vascular accident. *Physical Therapy, 59*, 423-426.

Fox, J. (1964). Cutaneous stimulation. *American Journal of Occupational Therapy, 18*, 53-55.

Fuentes, C. T., Mostofsky, S. H., & Bastian, A. J. (2011). No proprioceptive deficits in autism despite movement-related sensory and execution impairments. *Journal of Autism and Developmental Disorders, 41*, 1352-1361. https://doi.org/10.1007/s10803-010-1161-1

Germani, T., Zwaigenbaum, L., Bryson, S., Brian, J., Smith, I., Roberts, W., ... Vaillancourt, T. (2014). Brief report: Assessment of early sensory processing in infants at high-risk of autism spectrum disorder. *Journal of Autism and Developmental Disorders, 44*, 3264-3270.

Gibson, J. J. (1977). The theory of affordances. In R. E. Shaw, & J. Bransford (Eds.), *Perceiving, acting, and knowing*. Hillsdale, NJ: Lawrence Erlbaum Associates.

Gillespie-Lynch, I., Kapp, S. K., Brooks, P. J., Pickens, J., & Schwartzman, B. (2017). Whose expertise is it? Evidence for autistic adults as critical autism experts. *Frontiers in Psychology, 8*, Article 438.

Gomot, M., Belmonte, M. K., Bullmore, E. T., Bernard, F. A., & Baron-Cohen, S. (2008). Brain hyper-reactivity to auditory novel targets in children with high-functioning autism. *Brain, 131*, 2479-2488.

Green, S. A., Hernandez, L. M., Bowman, H. C., Bookheimer, S. Y., & Dapretto, M. (2018). Sensory over-responsivity and social cognition in ASD: Effects of aversive sensory stimuli and attentional modulation on neural responses to social cues. *Developmental Cognitive Neuroscience, 29*, 127-139.

Gregg, C. L., Haffner, E., & Korner, A. F. (1976). The relative efficacy of vestibular-proprioceptive stimulation and the upright position in enhancing visual pursuit in neonates. *Child Development, 47*, 309-314.

Harlow, H. (1958). The nature of love. *American Psychologist, 13*, 673-685.

Hazen, E. P., Stornelli, J. L., O'Rourke, J. A., Koesterer, K., & McDougle, C. J. (2014). Sensory symptoms in autism spectrum disorders. *Harvard Review of Psychiatry, 22*(2), 112-124.

Hebb, D. O. (1949). *Organization of behavior*. New York, NY: John Wiley & Sons.

Herrick, C. J. (1933). The functions of the olfactory parts of the cerebral cortex. *Proceedings of the National Academy of Sciences, 19*, 7-14.

Hoehn, T. P., & Baumeister, A. A. (1994). A critique of the application of sensory integration therapy to children with learning disabilities. *Journal of Learning Disabilities, 27*, 338-350. doi:10.1177/002221949402700601

Horder, J., Wilson, C. E., Mendez, M. A., & Murphy, D. G. (2014). Autistic traits and abnormal sensory experiences in adults. *Journal of Autism and Developmental Disorders, 44*, 1461-1469.

Howe, F. E. J., & Stagg, S. D. (2016). How sensory experiences affect adolescents with an autistic spectrum condition within the classroom. *Journal of Autism and Developmental Disorders, 46*, 1656-1668.

Ireton, H. (1972). *The Minnesota Child Development Inventory: Manual.* Minneapolis, MN: Behavior Science Systems.

Ireton, H., & Glascoe, F. P. (1995). Assessing children's development using parents' reports: The child development inventory. *Clinical Pediatrics, 34*(5), 248-255.

Jasmin, E., Couture, M., McKinley, P., Reid, G., Fombonne, E., & Gisel, E. (2009). Sensori-motor and daily living skills of preschool children with autism spectrum disorders. *Journal of Autism and Developmental Disorders, 39*, 231-241.

Jaswal, V. K., & Akhtar, N. (2019). Being versus appearing socially uninterested: Challenging assumptions about social motivation in autism. *Behavioral and Brain Sciences, 42*(e82), 1-73.

Kannegieter, R. B. (1970). The results of a perceptual-motor-cognitive learning program designed for normal preschool children. *American Journal of Occupational Therapy, 24*, 208-214.

Kantner, R. M., Clark, D. L., Allen, L. C., & Chase, M. F. (1976). Effects of vestibular stimulation on nystagmus response and motor performance in the developmentally delayed infant. *Physical Therapy, 56*, 414-421.

Kasai, T., & Murohashi, H. (2013). Global visual processing decreases with autistic-like traits: A study of early lateralized potentials with spatial attention. *Japanese Psychological Research, 55*(2), 131-143. Special issue: Developmental disorders and cognitive science.

Kellegrew, D. H. (1998). Creating opportunities for occupation: An intervention to promote the self-care independence of young children with special needs. *American Journal of Occupational Therapy, 52*, 457-465.

Keown, C. L., Datko, M. C., Chen, C. P., Maximo, J. O., Jahedi, A., & Müller, R.-A. (2017). Network organization is globally atypical in autism: A graph theory study of intrinsic functional connectivity. *Biological Psychiatry: Cognitive Neuroscience and Neuroimaging, 2*, 66-75.

Kilroy, E., Aziz-Zadeh, L., & Cermak, S. (2019). Ayres theories of autism and sensory integration revisited: What contemporary neuroscience has to say. *Brain Sciences, 9*, 68; doi:10.3390/brainsci9030068

Kirby, A. V., Williams, K. L., Watson, L. R., Sideris, J., Bulluck, J., & Baranek, G. T. (2019). Sensory features and family functioning in families of children with autism and developmental disabilities: Longitudinal associations. *American Journal of Occupational Therapy, 73*(2), 7302205040p1-7302205040p14.

Knox, S. (1996). Play and playfulness in preschool children. In R. Zemke, & F. Clark (Eds.), *Occupational science: The evolving discipline* (pp. 81-88). Philadelphia, PA: F. A. Davis.

Korner, A. F., & Thoman, E. B. (1972). The relative efficacy of contact and vestibular-proprioceptive stimulation in soothing neonates. *Child Development, 43*, 443-453.

Lane, A. E., Young, R. L., Baker, A. E. Z., & Angley, M. (2010). Sensory processing subtypes in autism: Association with adaptive behavior. *Journal of Autism and Developmental Disorders, 40*, 112-122.

Little, L. M., Ausderau, K., Sideris, J., & Baranek, G. T. (2015). Activity participation and sensory features among children with autism spectrum disorders. *Journal of Autism and Developmental Disorders, 45*, 2981-2990.

Llorens, L. A., Rubin, E. Z., Braun, J. S., Beck, G. R., & Beall, C. D. (1969). The effects of a cognitive-perceptual-motor training approach on children with behavior maladjustment. *American Journal of Occupational Therapy, 23*, 502-512.

Lydic, J. S., Windsor, M. M., Short, M. A., & Ellis, T. A. (1985). Effects of controlled rotary vestibular stimulation on the motor performance of infants with Down syndrome. *Physical and Occupational Therapy in Pediatrics, 5*, 93-118.

Magrun, W. M., Ottenbacher, K., McCue, S., & Rosemary, K. (1981). Effects of vestibular stimulation on spontaneous use of verbal language in developmentally delayed children. *American Journal of Occupational Therapy, 35*, 101-104.

Mailloux, Z., May-Benson, T. A., Summers, C. A., Miller, L. J., Brett-Green, B., Burke, J. P. et al. (2007). Goal attainment scaling as a measure of meaningful outcomes for children with sensory integration disorders. *American Journal of Occupational Therapy, 61*, 254-259.

Marco, E. J., Hinkley, L. B. N., Hill, S. S., & Nagarajan, S. S. (2011). Sensory processing in autism: A review of neurophysiologic findings. *Journal of Pediatric Research, 69*, 48R-54R.

Marks, S. U., Schrader, C., Longaker, T., & Levine, M. (2000). Portraits of three adolescent students with Asperger's syndrome: Personal stories and how they can inform practice. *Journal of the Association for Persons with Severe Handicaps, 25*, 3-17.

May-Benson, T. A., & Koomar, J. A. (2010). Systematic review of the research evidence examining the effectiveness of interventions using a sensory integrative approach for children. *American Journal of Occupational Therapy, 64*, 403-414.

Mendelson, J. L., Gates, J. A., & Lerner, M. (2016). Friendship in school-age boys with autism spectrum disorders: A meta-analytic summary and developmental, process-based model. *Psychological Bulletin, 142*, 601-622.

Neal, M. V. (1968). The relationship between a regimen of vestibular stimulation and the developmental behavior of the premature infant. *Nursing Research, 17*, 568.

Nimbalkar, E. (2015). Effect of sensory integration on tactile defensiveness. *Indian Journal of Physiotherapy and Occupational Therapy, 9*, 117-121.

Ottenbacher, K. (1982). Sensory integration therapy: Affect or effect. *American Journal of Occupational Therapy, 36*, 571-578.

Ottenbacher, K. (1983). Developmental implications of clinically applied vestibular stimulation: A review. *Physical Therapy, 63*, 338-341.

Ottenbacher, K., Short, M. A., Watson, P. J. (1981). The effects of a clinically applied program of vestibular stimulation on the neuromotor performance of children with severe developmental disability. *Physical and Occupational Therapy in Pediatrics, 1*(3), 1-11.

Parham, L. D., Cohn, E. S., Spitzer, S., Koomar, J. A., Miller, L. J., Burke, J. P., ... Summers, C. A. (2007). Fidelity in sensory integration intervention research. *Department of Occupational Therapy Faculty Papers, 25*. https://jdc.jefferson.edu/otfp/25

Pfeiffer, B. A., Koenig, K., Kinnealey, M., Sheppard, M., & Henderson, L. (2011). Effectiveness of sensory integration interventions in children with autism spectrum disorders: A pilot study. *American Journal of Occupational Therapy, 65*, 76-85.

Pierce, K., Haist, F., Sedaghat, F., & Courchesne, E. (2004). The brain response to personally familiar faces in autism: Findings of fusiform activity and beyond. *Brain, 127*, 2703-2716

Platzer, W. S. (1976). Effect of perceptual motor training on gross-motor skill and self-concept of young children. *American Journal of Occupational Therapy, 30*, 423-428.

Polatajko, H. J., Kaplan, B. J., & Wilson, B. N. (1992). Sensory integration treatment for children with learning disabilities: Its status 20 years later. *OTJR: Occupation, Participation and Health, 12*, 323-341.

Reinoso, G., Carsone, B., Weldon, S., Powers, J., & Bellare, N. (2018). Food selectivity and sensitivity in children with autism spectrum disorder: A systematic review defining the issue and evaluating interventions. *New Zealand Journal of Occupational Therapy, 65*(1), 36-42.

Robledo, J., Donnellan, A. M., & Strand-Conroy, K. (2012). An exploration of sensory and movement differences from the perspective of individuals with autism. *Frontiers in Integrative Neuroscience, 6*, Article 107.

Roley, S., Mailloux, Z., Miller-Kuhaneck, H., & Glennon, T. (2007). Understanding Ayres' sensory integration. *OT Practice, 12*(7).

Royeen, C. B. (1986). The development of a touch scale for measuring tactile defensiveness in children. *American Journal of Occupational Therapy, 40*, 414-419.

Rudie, J. D., Shehzad, Z., Hernandez, L. M., Colich, N. L., Bookheimer, S. Y., Iacoboni, M., & Dapretto, M. (2012). Reduced functional integration and segregation of distributed neural systems underlying social and emotional information processing in autism spectrum disorders. *Cerebral Cortex, 22*, 1025-1037.

Schaaf, R. C. (2015). The issue is: Creating evidence for practice using data-driven decision making. *American Journal of Occupational Therapy, 69*, 6902360010. http://dx.doi.org/10.5014/ajot.2015.010561

Schaaf, R. C., Benevides, T., Mailloux, Z., Faller, P., Hunt, J., van Hooydonk, E., & Kelly, D. (2014). An intervention for sensory difficulties in children with autism: A randomized trial. *Journal of Autism and Developmental Disorders, 44*, 1493-1506.

Sensory Processing Disorder Foundation. (2014). *The STAR treatment model for children with SPD shows significant improvement in adaptive behavior and emotional functioning after intensive, short-term occupational therapy*. Retrieved from http://spdstar.org/outcomes/

Shemy, S. A. E., & Mohamed, N. E. (2017). Effect of sensory integration on motor performance and balance in children with developmental coordination disorder: A randomized controlled trial. *International Journal of Therapies & Re-*

habilitation Research, 6(1), 1-9.

Shenfield, T., Trehub, S. E., & Nakata, T. (2003). Maternal singing modulates infant arousal. *Psychology of Music, 31*(4), 365-375.

Siaperas, P., Ring, H. A., McAllister, C. J., Henderson, S., Barnett, A., Watson, P., & Holland, A. J. (2012). Atypical movement performance and sensory integration in Asperger's syndrome. *Journal of Autism and Developmental Disorders, 42*, 718-725.

Stewart, C. R., Sanchez, S. S., Grenesko, E. L., Brown, C. M., Chen, C. P., Keehn, B., ...Muller, R. (2016). Sensory symptoms and processing of nonverbal auditory and visual stimuli in children with autism spectrum disorder. *Journal of Autism and Developmental Disorders, 46*, 1590-1601.

Storch, B. A., & Eskow, K. G. (1996). Theory application by school-based occupational therapists. *American Journal of Occupational Therapy, 50*, 662-668.

Uddin, L. Q., & Menon, V. (2009). The anterior insula in autism: Under-connected and under-examined. *Neuroscience and Biobehavioral Reviews, 33*, 1198-1203.

Vargas, S., & Camilli, G. (1999). A meta-analysis of research on sensory integration treatment. *American Journal of Occupational Therapy, 53*, 189-198.

Vygotsky, L. S. (1978). Mind in society: The development of higher psychological processed. In R. W. Reiber, & R. K. Robinson (Eds.) (Translated by M. Cole, S. Scribner, V. John-Steiner, & E. Souberman), *The essential Vygotsky* (pp. 345-400). New York, NY: Kluwer Academic Publishers.

Wilbarger, P. (1991). *Sensory defensiveness in children aged 2-12: An intervention guide for parents and other caretakers*. Framingham, MA: Therapro.

Williams, K. L., Kirby, A. V., Watson, L. R., Sideris, J., Bulluck, J., & Baranek, G. T. (2018). Sensory features as predictors of adaptive behaviors: A comparative longitudinal study of children with autism spectrum disorder and other developmental disabilities. *Research in Developmental Disabilities, 81*, 103-112.

Zetler, N. K., Cermak, S. A., Engel-Yeger, B., & Gal, E. (2019). Somatosensory discrimination in people with autism spectrum disorder: A scoping review. *American Journal of Occupational Therapy, 73*(5), 7305205010p1-7305205010p14.

國家圖書館出版品預行編目（CIP）資料

感覺整合與兒童發展：理論及實用的活動與遊戲／
羅鈞令著. -- 二版. -- 新北市：心理, 2020.06
面；　公分. --（幼兒教育系列；51209）
ISBN 978-986-191-911-9（平裝）

1. 特殊兒童教育　　2. 兒童發展

529.6　　　　　　　　　　　　　　　109007746

幼兒教育系列 51209

感覺整合與兒童發展：理論及實用的活動與遊戲
（第二版）

作　　者：羅鈞令
責任編輯：郭佳玲
總　編　輯：林敬堯
發　行　人：洪有義
出　版　者：心理出版社股份有限公司
地　　址：231 新北市新店區光明街 288 號 7 樓
電　　話：(02) 29150566
傳　　真：(02) 29152928
郵撥帳號：19293172　心理出版社股份有限公司
網　　址：http://www.psy.com.tw
電子信箱：psychoco@ms15.hinet.net
駐美代表：Lisa Wu（lisawu99@optonline.net）
排　版　者：辰皓國際出版製作有限公司
印　刷　者：辰皓國際出版製作有限公司
初版一刷：1998 年 1 月
二版一刷：2020 年 6 月
I S B N：978-986-191-911-9
定　　價：新台幣 420 元